iHuman
新民説

成为更好的人

业余者说

王人博 著

GUANGXI NORMAL UNIVERSITY PRESS
广西师范大学出版社
·桂林·

业余者说

YEYUZHE SHUO

责任编辑：徐　婷
助理编辑：任建辉
装帧设计：彭振威
责任技编：郭　鹏

图书在版编目（CIP）数据

业余者说 / 王人博著. —桂林：广西师范大学出版社，2018.7
ISBN 978-7-5598-0762-5

Ⅰ. ①业… Ⅱ. ①王… Ⅲ. ①社会科学—文集
Ⅳ. ①C53

中国版本图书馆 CIP 数据核字（2018）第 058805 号

广西师范大学出版社出版发行
（广西桂林市五里店路 9 号　邮政编码：541004
网址：http://www.bbtpress.com）
出版人：张艺兵
全国新华书店经销
广西广大印务有限责任公司印刷
（桂林市临桂区秧塘工业园西城大道北侧广西师范大学出版社集团有限公司创意产业园内　邮政编码：541100）
开本：889 mm × 1 240 mm　1/32
印张：7.625　　字数：160 千字
2018 年 7 月第 1 版　　2018 年 7 月第 1 次印刷
定价：49.00 元

要维持知识分子相对独立，就态度而言，业余者比专业人士更好。

——爱德华·萨义德

序

屈指一算，迄今已在法学的讲台上站了33年。学生一茬茬走，又一茬茬来，来去之间，我自己也老了。

除了授课，我也喜欢胡乱的阅读和思考，倒不单纯为了备课、做研究，也是为了打发时间。读书思考是抵抗因长期上课而形成的习惯性倦怠的最好方法。而且，一个教书人如果自己不读书，心里也会多少有些不踏实。由于阅读思考的范围总是大于讲授的课程，所以也就把阅读和思考的东西不自觉地塞进了课堂。这种授课方式从负面讲，是超出课程的离题，从正面说，也可叫拓宽视野；关键是分寸。

事实上，走出校门多年的学生能记住的，未必是某个老师讲的那门课的内容，而往往是课外的话。前几天与几个年轻的朋友聚会，其中的一位我并不认识。他现在是博士生，专程而来示谢，为我的一句话曾给他大学四年学习带来的启悟。那本是我书中无关专业的一句平常话："我不厌恶敌人的'常胜将军'，却憎恨一个只知杀戮的士兵。"这只能说，话语的影响力因人而异，同样一句话，有的听后无动于衷，有的则念念不忘。

课堂上，我也会穿插给学生推荐电影和音乐，以及与课程关系不大的著作，读到一本好书总想与他们分享。这也反映出专业规范与散逸性阅读的冲突。学科的厚墙有时安放不了思维的自由，而任何超出自己专业之外的书写都是业余。专家与业余者的区别，除了高下，还在于进入问题的方式：前者重视技术规范和理性，后者投放的是身心和感情。业余者缺少的是学科规训，而拥有的是真诚。这个答问录就是一个业余者呈现的一种真诚的知识样态。

现代性带来了学科之间的严格分野，专业化是其发展的必然结果。这一结果一方面使每一门学问都成了科学，另一方面也使得不同学科之间筑起一堵堵厚墙，各自都自觉把智慧的触角龟缩在墙内，对墙外的任何事物都克制好奇心，并保持着一种专业的冷漠。而现代的国家也越来越依赖这类智库型（think tank）专家为其服务，越来越不需要一般性的“学者”或“知识分子”的智性实践。爱德华·萨义德（Edward Said，或译成赛义德，1935—2003）说：“要维持知识分子相对独立，就态度而言，业余者比专业人士更好。”这里的“相对独立”也可以这样理解：知识分子并不依赖专业而存在，他/她首先是个以“智”为业的人，“求智”便是其人生目标。以智为业，就无须选择专业立场，有一个“智性”的视角就够了。“业余者”在严格分工的语境里并不是个好词，带有“门外汉”（layman）的贬义，但在知识分子意义上，“业余者”却是个地地道道的读书人，除了忠于自己因读书而获得的智识之外，任何立场都与他无关。“业余者”的信条是：“自己就是自己，没有代表也不代表任何人。”

除此之外，“旁观者清”这句俗语或许还是有效的，不同的知识背景和视角都蕴含了自身的智性和眼界，“取长补短”这个老词或许仍有价值。

王人博

2017年5月30日于寓所

目　录

I　聆听鲁迅

III 表达的语境

IV 政制与国性

I

聆听鲁迅

在您的思想和学术生活里，鲁迅是一个绕不过去的话题；鲁迅对您的影响，可能是浸透性的。在这里，我们就主题性地谈谈鲁迅。作为访谈者的我，和您，对于鲁迅的认识和理解，是完全不对等的；所以，我期待着您能够不受我的问题的限制，冷暖自知地、细致地说说您的看法。

这里没有对等与不对等的问题。你与我一样，对鲁迅我们都只是个“业余爱好者”。这里的引号不是强调，而是带有假设的成分，也就是说，可能我们连业余爱好者都算不上。在国内外，有那么多靠鲁迅吃饭的人。鲁迅可能是他的专业，也可能是连带性的，研究中国文学和文化而顺带了鲁迅。我们是什么？我们是靠法学找饭吃的人。我们充其量是在某些时候会想到他，想到他隐藏了善良的那张脸，还有那一堆茂盛的眉毛和胡子，想读他的文字，想与他对坐，点上一根烟，聆听他的睿智和教诲。做一个鲁迅的“业余爱好者”不是易事，它指向一种态度、一种立场和热情。它与（研究鲁迅）专家的区别也在这里：后者注重娴熟的技术和冷峻的理性，而前者投放的却是身心和感情。一个人一辈子能跳出所谓的“专业”框定，干点不靠谱的事也没有什么不好。

要谈鲁迅，不管以什么角色、什么身份都是一件难事。他真的不好谈，你不知从何说起。这倒不是因为他死后在中国经历的那种“大起大落”——一会儿像卫星一样被发到天上，一会儿又像降落伞打不开“呱唧”摔在地上。他的死以及死前所呈现的样态与死后活人怎样对他，都与他无关，他只活在他的世界中。他不好谈是因为他太大，无论在中国的乡间、都市，还是在不同的阶层，都能发现他那双窥视真相的眼睛。即便我们龟缩在自己的小天地里，面对周遭的夸夸其谈、虚张声势，也自然会想起他冷不丁地说过的某一句话，而那句话对正在进行的不易言明的那种氛围和“意思”都会做出恰如其分的概括。

是什么样的机缘，让您“结识”了鲁迅？

上大学之前知道他一点。我们这个年纪的人，与他相遇一般都是在中学课本里。在我的记忆中，乡下的中学老师讲有关鲁迅的课文总是很吃力，有的教师恐怕自己也没弄懂，好歹那时中学的语文教师手里都有一本类似于课文教学指南的辅导材料，上课时就照着葫芦画瓢。而对我们这些喜欢语文课的学生而言，鲁迅的表达方式以及所表现出来的晦涩，其目的好像就是为了让我们这些孩子远离他似的。

好不容易熬到了上大学，可那时的大学对于一个学法学的学生来讲，能读的东西并不多。女同学喜欢找些小说看，不少女同学就是读了四年小说拿到法学毕业证的。而我们这些不愿意整天泡在小说里的男生能读的社科类书是《马克思恩格斯全集》《列宁选集》（包括列宁的《哲学笔记》）和黑格尔的部分著作。中国的，除了《毛泽东选集》就是鲁迅的书。在大学四年里，《马克思恩格斯全集》第一卷是认真读完的，还连带读了黑格尔的部分著作。接触鲁迅很偶然。在我们班里，我的年龄属于中间层，最小的是15岁上大学，最大的29岁，我是22岁入学。班上有位老大哥，比我大5岁。他上大学前是当兵的，记得他入学时就带着一套《鲁迅全集》。入校后我俩成了朋友，只要聊天他就要谈鲁迅。他平时说话也喜欢引用鲁迅的言句。为了能与他平等一些地聊天、闲谈，便找来鲁迅的书看。关系处近了，自然受他的影响。

大学毕业后，我们分别到了不同的学校教书。他上学前就结了婚，夫人是农村的，有两个孩子。因为生活拖累，他很早就辞去教职“下海”做了律师，而且做得很成功。几十年来，他从未改变阅读的习惯。与其他律师不同，很少见他读法律业务方面的书籍，而是从鲁迅读到了王阳明、牟宗三，又从牟宗三靠近了佛经。这期间，我们通过各种方式一直保持着交流和联系。可能是书读透了的缘故，几年前他决意剃发为僧遁入空门，为此还专程来北京做最后的告别，临别时两个人相拥而泣。他就这样从一个律师蝶变为释家子弟。

时间的流逝，催老了人间。我与鲁迅“结识”并没有什么很深的机缘，也没有什么惊异的“事件”。一切就这样平淡、平常、平白无故，一路下来，一直停留在这个层面，不深不浅。也许是上了年纪的缘故，对世事的观看，习惯了不用眼睛，而学会了用心。用心去想，反复在心里倒腾。竹内好（1910—1977）的“鲁迅”说，鲁迅的一生有“回心”的存在。而我对鲁迅的“回心”或许是年轻时的无助，或许是年老时的发呆和走神：人跟世界过不去，其实是自己跟自己较劲。

《又见鲁迅》里说：“并不是无聊的时候才会想起他。他好像附了我的体，一个赶不走的影子。这是从未有的感觉。也许是老了的缘故，也许是这个世界太扰人。我自己也说不清楚。他对我来讲，既是药又像是毒，好了许多的心情总伴着‘毒瘾’，扔不掉也放不下，只有不停地吸食。”您和鲁迅

遭遇了。或许，个体的生命越是自觉就越会孤单，就越期求一个思想的同道与自己抱团取暖；这样的同道，有时是活生生的人，有时是已死的“鬼”。

这可能与我们身在的这个世界有关。早在半个多世纪以前，本雅明（Walter Benjamin，1892—1940）就对这个现代性武装起来的世界做出了这样的预测：随着经验的贬值，人与人面对面交流的能力也正在丧失：

> 战略的经验为战术性的战役所取代，经济经验为通货膨胀代替，身体的经验沦为机械性的冲突，道德经验被当权者操纵。乘坐马拉车上学的一代人现在伫立于荒郊野地，头顶上苍茫的天穹早已物换星移，唯独白云依旧。孑立于白云之下，身陷天摧地塌暴力场中的，是那渺小、孱弱的人的躯体。[①]

我们在这个现代性的世界里，也已习惯了热闹的孤寂。我们通常不愿意与人说心里话，总想用现代性的技术把自己的心包裹起来，所以发明了“闺蜜”这个词。“闺蜜”通常不是分享秘密的快乐和分担失意的忧伤，而是用现代的科技工具呈现自己的靓影和那些即将进食的食物图片，由此换取的不是双方的心里话，而是一个带有心形的符号。现代人的交流被改写为“聚会”，多是在饭桌上。觥筹交错间，带着醉意、吵吵嚷嚷地互相吹捧，说着彼此都听过的笑话，然后假装地哈哈大笑。

---

① [德]瓦尔特·本雅明：《启迪——本雅明文选》，张旭东、王斑译，生活·读书·新知三联书店2008年版，第96页。

越是热闹，心就越孤寂，于是回到了家里。家也在无意中被改变了。各种电器嵌入家的空间，成为家的一个组成部分，并改变着家的交往方式。人们越来越在意家具的摆放位置，电器和家具如影随形，无处不在。电视一般被摆放在客厅里，家人即便坐在一起，谈论的对象主要是电视的画面，而不是各自的心情。与电视相比，手机则成了真正的家庭成员。它不停地被更换，目的是为了让人与自己真正的亲人疏远。电器的嵌入成了家的一堵隔墙，在墙的两侧，人们变得沉默寡言。丧失了经验交流能力，人会变得孤独。对我而言，越是孤独，就越会想起鲁迅。特别是在深夜，想点上一根烟，与他对坐把盏，看一看他看过的风景：

> 街灯的光穿窗而入，屋子里显出微明，我大略一看，熟识的墙壁，壁端的棱线，熟识的书堆，堆边的未订的画集，外面进行的夜，无穷的远方，无数的人们都和我有关。我存在着，我在生活，我将生活下去，我开始觉得自己更切实了，我有动作的欲望——但不久我又坠入了睡眠。（鲁迅：《“这也是生活”》）

您在《再嚼鲁迅》这篇文章里说：“做文者与文学者是不同的。文学是余裕的产物，文学者是这余裕的消闲；做文是劳作，是做文者活着的证明和依托……做文可以影响人，但做文者绝不是为了启人而做文。他是为做文而做文的，做文只是一种活着的样式。”鲁迅做文，只是因为他想倾诉、想表达、想“存在起来”。“做文”或许就是他生命存在的一种方式，

就像种地是农民的存在方式一样。然而，我们怎么去理解鲁迅这种“做文”的存在方式？这种存在方式，和所谓的现代“知识分子”式的存在方式，是不是一样的？

谈鲁迅可能首先会碰到如何界定他身份的几个概念：小说家、作家、文学家、文学者、做文者。说实话，这几个词我自己也分辨不清楚。日本的竹内好习惯用“文学者”称呼鲁迅，而且用了“现役文学者”这个词。而我更偏爱“做文者”这个叫法。小说家、作家、文学家（现代意义而言）、文学者这些词，除去程度和范围上的细微差异之外，意思基本上是可以等同的。他们基本上都以写小说为业——当然，也包括了诗歌和散文，也包括剧本——小说的创作是其存在的基本形式，其存在的意义也主要通过小说的意义反映出来。本雅明在谈到小说的意义时，引用了卢卡奇（Georg Lukács，1885—1971）的《小说理论》：

> 只有当我们与精神家园失去联系时，时间才能成为结构的因素。只有在小说里，恒常的真实与幻变的时序才彼此分离。我们几乎可以说，小说的整个内在动作不过是抵抗时间威力的一场斗争。……从这抗争中产生了真正的史诗对时间的体验：希望与记忆。只有在小说里才有让事物显形并将其演变的创造性记忆。……只有当主体从封存于记忆的过往生命流程中窥察出他整个人生的总体和谐，才能克服内心生活与外部世界的双重对立……摄取这和谐的眼光成为神启似的洞见，能把握未获得的、因而是无以言

说的生活意义。①

对此，本雅明解释说："'生活的意义'的确是小说动作演绎的真正中枢。对意义的寻觅不过是读者观照自己经历小说描述的生涯而表现的初始惶惑。"无论小说家、作家，还是文学家（者），提供"生活意义"是他们存在的基本方式和价值。鲁迅显然不能对号入座，因为鲁迅"除了翻译和文学史研究的业绩之外，大半都是论争的文字。就连小说，特别是晚年取材于神话的诸篇，也都带有论争的性质。论争是鲁迅文学支撑自身的食粮。把十八年的岁月消磨在论争里的作家，即使在中国也是不多见的"②。鲁迅的这种存在方式很容易让人联想到耕种的农民、做工的工人，他们大多并不是因为意义而选择耕种和做工，而是生来如此。与此类似，鲁迅可能注定是个做文者，他虽医学出身，我们却无法想象行医者的鲁迅模样。当然，这样的联想最直接的是因为我的祖母：她驼背、小脚，二十几岁守寡，活了七十多岁。她命中注定是个耕种者，所以最终死于耕田中，正如鲁迅死于做文里，这多少有点宿命的味道。

我不想用鲁迅来比附现代的中国知识分子。现在的社会，总有一些好斗的人也常以"鲁迅"自居，跟人争来斗去，但除了可以收集唾沫作为脏的证据，你无法将其文字归于任何一种"文学"的案宗里去。当然，不求名利的做文者在今天的中国不是没有，只是数量上无法统计，因为缺少微观工具，不知显

① [德]瓦尔特·本雅明：《启迪——本雅明文选》，张旭东、王斑译，生活·读书·新知三联书店2008年版，第109—110页。

② [日]竹内好：《近代的超克》，李冬木、赵京华、孙歌译，生活·读书·新知三联书店2005年版，第4页。

微镜能否派上用场。

鲁迅的“做文”，或许也是一种战斗，一种反抗式的战斗。他的童年经历、同事、周遭的人们、政治、现实、历史、民族……层层地在他身上淤积着、缠缚着，使他有喘不过气来的感觉。这黑暗无比浓重，而胜利永远无望。他选择反抗、选择战斗……于是，“做文者”的鲁迅同时就成了“战斗者”的鲁迅了。我们又该如何来理解鲁迅的这种“战斗”呢？比如，当代中国受鲁迅影响的学者，把鲁迅的这种“战斗”姿态，转化为学术上的“现代性批判”……

这个问题，上面基本上谈到了。对鲁迅而言，“论争”就是战斗，就是反抗。竹内好的《鲁迅》主要用“挣扎”与“抵抗”作为分析鲁迅文学的关键词。竹内好的另一本书《从“绝望”开始》是他写给普通日本读者的鲁迅入门书，其中有一节是专门写鲁迅“论争”的。鲁迅“不但在文字上，而且可以说全身心地搞论争。他的化名或评论集的题名大多是反用被论敌不断施加的骂词。……作为论敌来说，他是强硬的令人讨厌的对手”。这其中的原因是什么？这是读鲁迅经常生出的疑问。或许与中国文化传统有关，诸子百家便是在争论中兴起的，但只说到这点肯定是一种敷衍的做法。最重要的是，鲁迅喜欢论争，是因为他擅长这门艺术：

他的论争却有宜将剩勇追穷寇的态度，绝不敷衍。取而代之，他有把争论点简化的特技，把要点概括成一点或两点，舍弃掉枝节。争论进行过程中，争论点涉及多方面的时候，他那种拉回原点的技巧只能说漂亮，感到像是一种类似于追求不讲究胜负的形式优美的冢田象棋[①]的高超技艺。（竹内好：《从“绝望”开始》）

鲁迅本质上是一个既懂战法又能战斗的战士。所以，他对战士有着天生的亲近感，充满敬意。他为纪念孙中山这位与他一样的战士写下的名篇《战士和苍蝇》就是例证：

Schopenhauer（叔本华）说过这样的话：要估定人的伟大，则精神上的大和体格上的大，那法则完全相反。后者距离愈远即愈小，前者却见得愈大。

正因为近则愈小，而且愈看见缺点和创伤，所以他就和我们一样，不是神道，不是妖怪，不是异兽。他仍然是人，不过如此。但也惟其如此，所以他是伟大的人。

战士战死了的时候，苍蝇们所首先发见的是他的缺点和伤痕，嘬着，营营地叫着，以为得意，以为比死了的战士更英雄。但是战士已经战死了，不再来挥去他们。于是乎苍蝇们即更其营营地叫，自以为倒是不朽的声音，因为它们的完全，远在战士之上。

的确的，谁也没有发见过苍蝇们的缺点和创伤。

然而，有缺点的战士终竟是战士，完美的苍蝇也终竟不过是苍蝇。

去罢，苍蝇们！虽然生着翅子，还能营营，总不会超

① 此处的象棋是日本象棋，即将棋。冢田为冢田正夫（1914—1977），日本将棋棋士，实力制第二代名人，名誉十段。

过战士的。你们这些虫豸们！

这一点，鲁迅与孙先生很相像：永远向强暴者战斗，向卑微者悲悯。

冬日里，一只懒猫会很自然地躺在太阳底下取暖，那算是猫的智慧了。而人则不同，冬天的人们有时并不选择阳光，而是走入黑暗，用背弃暖和的方式与这暗和冷作战。这是一种无望的战斗，而孤独和寂寞便是他的唯一战友。在鲁迅的作品世界里，让人钟爱的是他的《野草》，以及由这“野草”所点燃的有点类似于本雅明意义上的“希望”：

> 希望，希望，用这希望的盾，抗拒那空虚的暗夜的袭来，虽然盾后面也依然是空虚的暗夜。……我只得由我来肉搏这空虚中的暗夜了。我放下了希望之盾，我听到了Petofi Sandor（裴多菲）的“希望”之歌……我只得由我来肉搏这空虚中的暗夜了，纵使寻不到身外的青春，也总得自己来一掷我身中的迟暮。但暗夜又在哪里呢？现在没有星，没有月光以至没有笑的渺茫和爱的翔舞；青年们很平安，而我的面前又竟至于并且没有真的暗夜。
>
> 绝望之为虚妄，正与希望相同！

在鲁迅的思想里，始终显现着三个词：希望、绝望和虚无，而这三者又与抵抗和黑暗相连。鲁迅的本质是绝望的，是因为绝望而生发出了希望，希望始终存在于绝望中。这种悖论式的存在可用他的一句话来表达：“希望是无所谓有，无所谓无的。正如地上的路；其实地上本没有路，走的人多了，也便成了路。”（鲁迅：《故乡》）也可以这样说，正是因为无路可走所以必须前行。“前行”就存在于绝望与希望的拉扯中，无路上的行者便是鲁迅的身影。然而，绝望又是如何形成的呢？“无路中的行走”只是前行，还是有一个“远方”的东西存在呢？实际上，走在黑夜的无路上的鲁迅，早看见了“远方”的那个东西，那是每个人所共有的归宿——坟，死亡就成了无路行进者的最后目的地。死亡最终也消解了绝望和希望的意义，生成了一种叫虚无的东西。而虚无的意义必须把“死”加进来考虑，这便是鲁迅意义上的终末论。譬如喜欢一个女孩子，明明知道不可能做夫妻，为什么还要喜欢，因为这一辈子就这么一次，就应该珍惜。终末论是这样一种“法则”：“首先是和把所有人都同样吞入其中并且流淌下去的‘自然’性时间相反，它就像人们所说的‘时间满了，上帝之国临近了’一样，是一种与自然时间对峙起来的思考，当此时降临，它迫使每一个人都做出主体性决断。”（伊藤虎丸：《鲁迅与终末论》）因为“死亡”的积极意义，虚无变成了一种力量，催生着绝望，而希望则成了绝望的反影。鲁迅一生都处在虚无、绝望和希望的纠葛之中，唯有孤独和寂寞是伴他一生的朋友。

汪晖在叙述鲁迅时曾写道：“我们无法判断‘鬼’是死后的精灵，还是我们自身对于‘他者’的想象。鬼一边向人诀别而另一边又决心对人紧追不舍。当诀别的欲望难以实现之时，它就会将诅咒的利刃又指向我们自身——通过附体、托梦、无言的窥测、决绝的诅咒、无望的复仇，鬼不懈地寻找与我们合一的机会。鬼是一种自相矛盾的结合体，是现在与过去在我们的行为和思想中的汇集。不是我们的灵魂，而是已死

的历史的在场，即我们自身。”这段话或许描述了以“鬼”的形式存在的鲁迅和其自身的关联。对于您而言，鲁迅作为一个已死的灵魂、一个缠绕于自身的“鬼”，有着怎样的具体的关联？比如，他给了您某种存在的立场、某种生活的态度……

那段文字在我的那本闲集《孤独的敏感者》里引用过。这段话是作者对鲁迅作品世界里人与鬼、生命与死亡这些带有母题性问题的一种解释。这里，我想还是承接上面有关绝望、希望以及死亡的问题来谈。在鲁迅的思想里，始终存在一种“梦醒之后无路可走”的绝望感，而他偏偏要做一个“无路上行走”的行者。这正是他的绝望所具有的力量。这方面的文字，最著名的是他《呐喊〈自序〉》中有关“铁屋子”的那段话：

> 假如一间铁屋子，是绝无窗户而万难破毁的，里面有许多熟睡的人们，不久都要闷死了，然而是从昏睡入死灭，并不感到就死的悲哀。现在你大嚷起来，惊醒了较为清醒的几个人，使这不幸的少数者来受无可挽救的临终的苦楚，你倒以为对得起他们吗？

毫无疑问，鲁迅自己便是这少数被“惊醒的清醒者”。明知“铁屋子”无法毁坏还是要去做毁坏的努力，这便是鲁迅行动（行走）的意义。希望存在于绝望之中，绝望没有成为虚妄，根底还是“因为希望在于将来”。这“将来”二字在其他地方却意指了一个“远方”的存在。这“远方”直接连接着他的《写在〈坟〉后面》和《过客》两文：“倘说为别人引路，那就更不容易了，因为连我自己还不明白应当怎么走。……我只很确切地知道一个终点，就是：坟。然而这是大家都知道的，无须谁指引。问题是从此到那的道路。那当然不只一条，我可正不知哪一条好，虽然至今有时还在寻求。”

在《过客》中，他进一步解释了这个“由东向西”并带着一身疲倦和伤痛的“过客”“在无路上行走”的状况：

> 客——我就要前去。老丈，你大约是久住在这里的，你可知道前面是怎么一个所在么？
>
> 翁——前面？前面，是坟。
>
> 客——（诧异地）坟？
>
> 孩——不，不，不。那里有许多许多野百合、野蔷薇，我常常去玩，去看他们的。
>
> 客——（西顾，仿佛微笑）不错，那些地方有许多许多野百合、野蔷薇，我也常常去玩过，去看过的。但是，那是坟。（向老翁）老丈，走完了那坟地之后呢？
>
> 翁——走完之后？那我可不知道。我没有走过。

为什么明明知道前方是“坟”还要苦苦赶程？他对此的解释是：“虽然明知前路是坟偏要走，就是反抗绝望，因为我以为绝望而反抗者难，比因希望而战斗者更勇猛，更悲壮。”（见1925年致赵其文的信）因绝望而反抗绝望，又因绝望而为希望悄然留下了一道细细的缝隙，“因为无望所以抱着希望”（本雅明）。实有存在于虚无之中，虚无也成就了反抗绝望的力量。这便是鲁迅那种“向死而存”“向死而行”的悖论式存在。

其实，我是不太相信横亘在任何人面前的死亡对人都能持久地催生出反抗的力量的。人，或多或少对死亡都会有一点恐惧，也会因为一想到必死的宿命，生活中多少会有一点消极，或者绝望，想不大开，有点“等死”的意思，特别是上了年纪的人。所谓要看开生死，有时是看不开的意思。这一点，恐怕鲁迅也不例外。鲁迅并非英雄和神人，他是一位与我们心灵接近的沉思者，一位通过自己的文字而呈现了自己真实生命样态的诚实者。

我试图去理解他为什么在《过客》一文中会提出“坟之后是什么”的问题。从他所设计的场景中知道，这一问题是“过客”向“老翁”提出的，而文中的“老翁”不妨被看作是历史或经验的喻指，但他并未提供问题的答案。无论“老翁”还是“过客”都不知道“坟”是不是人的最后归宿。鲁迅本人并不是基督徒，他不相信基督教意义上的来世观。既然不存在“来世”的意义，那末，人死之后还有其他存在方式吗？或者说，死亡是人的最后去处，还是有其他的救赎之道？

这也让我想起了伯格曼（Ingmar Bergman，1918—2007）的电影《呼喊与细语》（1972年）。拍摄这部电影的时候，伯格曼已经否定了上帝的存在。影片提出的问题是：这个世界，当耶稣之后上帝不再回应人子的呼喊，面对死亡的痛苦我们还能向谁低声细说？又有谁还能侧耳倾听？人注定了死亡，除了一具尸骸或一抔尘土，再也不会有任何剩余的意义。片中的主人公最后痛苦死去之后到了“那边”，在“那边”她感受的是阴冷，所以死后又重返人间寻找真爱。这个“重返”的镜头与鲁迅“坟”的意象特别吻合：既然没有天堂存在，亡故之人能否重返人间？在伯格曼的镜头下，这个“重返”的意象（可能）是用活着的亲人对亡故者的一个梦境来呈现，而在鲁迅的笔下，这个“重返”的替代物就是“鬼”。鬼则成了人死之后的另一种救赎之道。正是因为鬼的存在，死亡成了一种中间物，两边分别是向死亡行进的意义和做鬼之后的救赎。鬼既缓解了绝望，也成就了反抗绝望的力量。

什么是鬼？“鬼，人所归为鬼。”（《说文》）归到哪儿去呢？《礼记》告诉我们：“众生必死，死必归土，此之谓鬼。”即是说，人死皆成鬼。“归”与“鬼”同义，这是中国文化的特色。在鲁迅的笔下，鬼有许多模样，他经常提到的是“牛首阿旁”，是鬼卒中比较出色的一位。也许鲁迅最爱的是“无常”，这个名字就具意味，人生苦短，生命无常，还是要好好地待自己。“想到生的乐趣，生固然可以留恋；但想到生的苦趣，无常也不一定是恶客。”（鲁迅：《无常》）因为无常，死亡呈现的是一种明朗的色彩。无常的可爱与人世间的丑恶形成对照，无常是人世间无法实现的实现之物，是人之呆滞与苦难的救赎。无常之鬼成了最为贴近人性的他者：

> 在许多人期待着恶人的没落的凝望中，他出来了，服饰比画上还简单，不拿铁索，也不带算盘，就是雪白的一条莽汉，粉面朱唇，眉黑如漆，蹙着，不知道是在笑还是在哭。但他一出台就须打一百零八个嚏，同时也放一百零八个屁，这才自述他的履历。

这“一百零八个屁”的书写是深具意味的，呈现的是中国人特有的幽默和智慧：无常在台上的这一连贯不雅的动作，让人觉得与现实世界相比，阴间是多么自由的一个处所啊！无常是对人世间冷酷、自私、呆滞的反拨，是一个深具人性理想的符号：

> 一切鬼众中，就是他有点人情；我们不变鬼则已，如果要变鬼，自然就只有他可以比较的相亲近。

> 我至今还确凿记得，在故乡时候，和“下等人”一同，常常这样高兴地正视过这鬼而人，理而情，可怖可爱的无常；而且欣赏他脸上的哭或笑，口头的硬语与谐谈……

鲁迅还在《死》这篇作品里，用他凝练的文字描画了人与鬼的关系。

> 大家所相信的死后的状态，更助长了对于死的随便。谁都知道，我们中国人是相信有鬼（近时或谓之“灵魂”）的，既有鬼，则死掉之后，虽已不是人，却还不失为鬼，总还不算是一无所有。不过设想中的做鬼的久暂，却因其人的生前的贫富而不同。穷人们是大抵以为死后就去轮回的……这就是使死罪犯人绑赴法场时，大叫“二十年后又是一条好汉”，面无惧色的原因。况且相传鬼的衣服，是和临终时一样的，穷人无好衣裳，做了鬼也决不怎么体面，实在远不如立刻投胎，化为赤条条的婴儿的上算。

对此，日本的鲁迅研究者丸尾常喜（1937—2008）评论道：

> 正如死后的衣服同生前一样这一想法所直接呈示的那样，对于他们来说，生与死并非截然相隔，死后的世界与现世乃是毗连之地，这一点值得注意。但更为重要的是，轮回与转世对于他们来说就成了救赎。
>
> 对命运的非逻辑无可奈何的人们，相反从轮回说看

出了救赎的逻辑，另一方面，享受着现世的人们，怕死后的报应怕得发抖。对于六朝时代的中国知识分子来说，三世报应说被视为佛教的本义，它对于困扰于现世的道德与幸福的矛盾，即好人不幸这种现象的说明的人们来说，就成了大福音。中国的冥界观，尽管后来在传统的生死观同外来的地狱与净土的思想等之间展开了反复的纠葛、融合，但无论如何，鲁迅所说的第一种想法，是对充满痛苦的现世的否定，更确切地说，即对自己之今生的否定为前提。①

丸尾常喜认为，鲁迅笔下的鬼具有“鬼的两义性”：对某些人而言，做鬼是转生救赎的希望，而对另一些人就是永生或再生。这或许就是年轻时代的鲁迅所发出的“伪士当去，迷信可存，今之急也”（鲁迅：《破恶声论》）这一心声的本意。

丸尾常喜说，中国五千年历史的水底蓄积着累累尸骨和怨念。而竹内好则说：

在鲁迅的根柢当中，是否有一种要对什么人赎罪的心情呢？要对什么人去赎罪，恐怕鲁迅自己也不会清晰地意识到，他只是在夜深人静时分，对坐在这个什么人的面前（散文诗《野草》及其他）。这个什么人肯定不是靡菲斯特，中文里所说的“鬼”或许与其很相近。②

① [日]丸尾常喜：《人与鬼的纠缠》，秦弓译，人民文学出版社2006年版，第174页。

② [日]竹内好：《近代的超克》，李冬木、赵京华、孙歌译，生活·读书·新知三联书店2005年版，第8页。

读到竹内好的这段文字时，我便会想到鲁迅面前的骷髅——历史和现实中的亡魂，来自历史与社会“深暗底层”的民众的死，或与他们四处彷徨的孤魂游鬼的对坐。

这与庄子的骷髅有点像：

> 庄子之楚，见空髑髅，髐然有形，撽以马捶，因而问之，曰：“夫子贪生失理，而为此乎？将子有亡国之事，斧钺之诛，而为此乎？将子有不善之行，愧遗父母妻子之丑，而为此乎？将子有冻馁之患，而为此乎？将子之春秋故及此乎？”于是语卒，援髑髅，枕而卧。夜半，髑髅见梦曰：“子之谈者似辩士。视子所言，皆生人之累也，死则无此矣。子欲闻死之说乎？”庄子曰：“然。”髑髅曰：“死，无君于上，无臣于下；亦无四时之事，从然以天地为春秋，虽南面王乐，不能过也。”庄子不信，曰：“吾使司命复生子形，为子骨肉肌肤，反子父母、妻子、闾里、知识，子欲之乎？”髑髅深矉蹙頞曰：“吾安能弃南面王乐而复为人间之劳乎！”（《庄子·至乐》）

虽然，鲁迅在《故事新编》的“起死”篇中通过对《庄子》的改写而讥讽庄子，但鲁迅与庄子之间更多的是心灵层面上的相关性，尽管这种相关性有时是通过否定的形式出现的。在中国的思想传统中，庄子与鲁迅所表现出来的是对方的另一面，而且是自我矛盾的一面。说得极端点，鲁迅越是对庄子虚无主义表示愤怒，就越是映照对自己事事必较的不安和纠结；庄子越是表现出“什么都不在乎”的旷达，就越让人觉得他很极端。如果有一场穿越时空的论辩，那么，鲁迅可能就是庄子的真正对手。这种外部凸显的对立恰恰说明灵魂深处的相通相感。这可以在《庄子》与《野草》中找到痕迹。两者无论在题材、表现手法，还是艺术形式上，都有着内在的相似性。《庄子》喜欢用梦境进行言说，而鲁迅的《野草》就有八篇与梦境有关；自体与影的关系在《庄子》和《野草》里有着相似的表达，如《庄子》的“齐物论”“寓言”篇目，鲁迅《野草》里“影的告别”。《野草》的“墓碣文”篇有这样的话：“我就要离开。而死尸已在坟中坐起，口唇不动，然而说——‘待我成尘时，你将见我的微笑！’”这不正是《庄子》“至乐”篇的骷髅吗？

相似的心灵才能产生相似的思想言说方式。在鲁迅的文学结构里，“醒”便是他现实的进行状态，并带着“无路可走”的苦痛；“梦”并不是沉睡的形式，而是借以表达对现实世界抵抗与挣扎的一种理想方式。庄子的“梦境”（如“蝴蝶梦”）又何尝不如此呢？对庄子和鲁迅来说，现实越是痛苦，梦境就越会成为言说和消解这种苦痛的最为可靠的方式。

鲁迅的醒与梦、人与鬼是可以对应的，“醒”便是人的现实状态，而“梦”与“鬼”则可以互相指代。两者共同指向了一个方向，即对颠倒了的现实世界的颠倒。用同一种方式对待事物可以理解为“复仇”，而“复仇”是鲁迅文学的主题之一。这也可以解释为什么他生命最后留下的重要文字是《女吊》，用一种“损着世界牙眼”的方式回应现实世界，最后留下的是“一个都不宽恕”（鲁迅：《死》）的决绝。

“身既死兮神以灵，魂魄毅兮为鬼雄”（屈原：《国殇》）。

而庄子呢，则是用不报复世界的方式进行报复，这是庄子式的“旷达”。

对于如何理解鲁迅，您提出一种方法，就是把他看作一个凡人，拆掉“圣人”的牌位，烧掉他头上的“纸冠”。这样，真实的鲁迅可能会离得更近些。靠近了鲁迅之后，您感受到鲁迅思想中的一个悖论：这一生，是要“为别人”呢，还是“自己玩玩”而已？鲁迅的这一悖论，或许也是每一个自我边缘化了的现代知识分子都可能遭遇的。每当他们深入探问自己存在的根由，发现了自己边缘化的位置时，这个悖论可能就会冒出来。这是不是知识分子固有的不可拆解的宿命呢？

“纸冠”与“圣人”这两个给予鲁迅的称呼一反一正，说明了鲁迅深具争议性。李长之当年写《鲁迅批判》时，也提到过这个问题。众所周知，前者是鲁迅生前的同行包括他的兄弟——“二先生”糊在他头上的；后者是他死后由政治家给立起来的。对于前者，鲁迅本人是知道的，所以他做文时也曾以“楮冠”和“楮冠病叟”为笔名，这不能说明他对此不在意，而是很在意，这是他对论敌的辱骂与讥讽最常见的做法。对于后者鲁迅当然不知道，但依凭他的智性与敏觉，生前他也是有意识的。这在《死》这篇文字中有表露：“[死后]赶快收敛，卖掉，拉倒；不要做任何关于纪念的事情；忘记我，管自己的生活。——倘不，那就真是胡涂虫。”这样说来，“圣人”的称号也并非鲁迅所愿。

其实，我对这两者都无兴致，与我无关，我始终把他看作一个不平常的常人，常人具有的喜怒哀乐他都有。

之所以说他不平常，是因为他自身又是一个不透明性的矛盾体，他的难以理解在于他的内心世界的复杂程度。鲁迅一生说过很多话，写过很多字，你不知道哪句话或哪些字是他内心世界的真实现身。即便把他所有的言说和文字叠加在一起，也无法为一个真实可靠的鲁迅面相和心像构图。

在他的文字里，下面这段话或许最接近他自己：

> 其实，我的意见原也一时不容易了然，因为其中本含有许多矛盾，教我自己说，或者是人道主义与个人主义这两种思想的消长起伏罢。所以我忽而爱人，忽而憎人；做事的时候，有时为别人，有时却为自己玩玩，有时则竟因为希望生命从速消磨，所以故意拼命的做。

这段话取自1925年5月30日写给许广平的信。鲁迅的研究者喜欢偏执于文中的“人道主义”和“个人主义”这两个概念，以此给鲁迅上色、画像，却忽略了文中更接近生活本色的两个小词：“为别人”和“自己玩玩”。

人道主义和个人主义可以解释鲁迅的某一方面，若以此来盖定鲁迅的全身则未必合适。

虽然信中鲁迅自己用了“人道主义”和“个人主义”，但要注意前面的“或者”一词，它含有迟疑、犹豫的意思。即是说，能否用这两个概念来恰当地界定自己，他自己也拿捏不准，有“暂且为之”之义。

1926年11月18日给许广平的信里，他再没有用那两个概念，文字成了这样：“你大概早知道我有两种矛盾思想，一是要给社会做点事，一是要自己玩玩。所以议论如此灰色。折中起来，是为社会做点事而于自己也无害，但我自己就不能实行，这四五年来，毁损身心不少。”

“为别人”和“自己玩玩”这两个生活化的词语，一直为鲁迅的研究者所忽视，他们非要从带有“体系化”的大概念中把握鲁迅，似乎不如此，就不能接近鲁迅思想的深刻、文学的博大。而在我这个业余者看来，恰恰是这两个小词准确、生动地再现了鲁迅自己。要知道，鲁迅的思想品格之一就是拒绝“体系化”。

综观这个“现役文学者”的一生，他都在“为别人”还是“自己玩玩”之间苦苦挣扎，被这两个扰人的东西撕扯着。在“为别人”中，也不乏“自己玩玩”的影子，而在“自己玩玩”中可见“为别人”的踪迹。但总体上看，“为别人”和“自己玩玩”还是存有深刻的对峙，使身陷其中的鲁迅痛苦不已。竹内好说“鲁迅是一个强烈的生活者”的意思也在此。

我不知道如今的中国知识分子有无“自我边缘化”这样的事，我倒觉得可能相反，大家都愿意往“中心”挤。现在的中国，最好把“知识分子”和“读书人”这两个词分开。起码在我熟悉的环境周围，“读书人”还是存在的。这类人有一个共同的特点，即从自己读书的意境中把握生活的意义。作为读书的主体，“我”既是生命的本体，也是意义的归宿。社会之于“我”只是一个身在的处所，之所以想为社会“做点事”，那也是因为这做事的意义还是从自己这个角度去把握的。现在中国的读书人能做到“为别人”只是“自己玩玩”的一种形式已是很高的境界了。

对我自己而言，喜欢鲁迅更多的是他那种“自己玩玩”的心态。他在日本仙台学医的时候，经常外出一个人偷偷地去看电影。他学医却写小说，也写杂文，也喜欢版画。有时候，他啥也不做、不写，只希望用无聊“从速地消磨”自己，这是一种最真切的生活。鲁迅一生都活得不假，真诚地待人，也真诚地待自己。

在我有限的阅读里，您对鲁迅兄弟失和的解释，可能是最令我信服的。您写道：“鲁迅从周作人身上看到的是‘自己玩玩’的玩世主义，而周作人从鲁迅那里看到了自己‘为别人’的带有幻灭感的理想主义。而兄弟间又都如此相似：相似的思想、相似的气质——执拗、倔强，甚至不能谅解的怨恨都一样。对二者来说，对方就是自身厌恶的自体。”兄弟俩都把对方当作一个和自我同一化的“他者”了。在这里，我有另一个相关联的问题，即在理解自我的时候，常常需要借助一个和自我对照的“他者”。这个“他者”，我们应该怎样去“发掘”呢，还是说，我们只能等待运气降临？

不想再谈鲁迅跟周作人的关系问题。在《孤独的敏感者》这本书里，之所以涉及此类话题，并不是源于好奇，而是一种理解，而这种理解一半是因为我本人吧。就我狭隘的阅读范围而言，至今恐怕也没有什么一手资料可以做这方面的研究。鲁迅与周作人都有记日记的习惯，而关于兄弟之间发生的事情，两人偏偏都没留下只言片语，好像是约定好的不让外人知道似的。既然是自家的秘密，我们为啥还要打破砂锅问到底呢？

如果是从“自我”与“他者”关系的角度去认识自我，那这个话题还是有谈的。

有一个法国电影叫《火车上的男人》[①]。男主人公是个教授法语诗歌的好老师，一辈子安分地教书过日子，博得了学生的喜欢与尊重。他退休后却发现了另一个自己：他一生都想航海漂泊；三十多年来他到固定的一家银行存钱取钱，而直到现在他才意识到，他第一次踏进这家银行门槛的目的并不是存

---

① 帕特里斯·勒孔特执导，让·雷谢夫主演，2002年上映。

钱，而是想抢劫……最后他带着另一个自己的影子死在了手术台上。

作为个体，我们每个人也许本身就是个矛盾体。现时态的我们可能只是自己的一面，而另一面却被人为地压制了。久而久之，我们都会习惯地认定现实的状态就是我们真实的自己。其实，我们的另一面不会因为压制而死，它只是躲在了人生镜子的背后。人之所以喜欢照镜子，并不单纯是因为自恋，而是为了发现镜子背后的另一个自己。自我就像白天的醒与夜间的梦，我们有时搞不清楚到底醒着是梦境，还是梦境才是真实？黑夜不解白昼的痛苦，白昼不懂黑夜的沉醉。醒即梦，梦即醒，人生不过悲欢一梦。

善恶同源，好坏一体。一个健全的社会个体就是扬善抑恶、向好去坏。但这恶与坏不可能在我们每一个人身上拔除净尽，所以人世间需要道德与法律。只有规则的存在，恶和坏才能被摁住翻不过身来。一旦规则失效，人的兽性就会占据上风。马其顿电影《山雨欲来》①揭示的不是战争而是战争如何激活了人的兽性。兽性休眠时，人都温文尔雅；一旦苏醒，人性中的善性就显得弱不禁风，一碰就碎。所以，自我对于自存的“他者”一面而言，压制比自由更重要。

自我的本质就是在自由与压制之间晃荡，人生就是一种无法完美的残缺。存在永远与心灵相分离——现实安定，心灵祈求漂泊；现实动荡，心灵则想安宁。

---

① 又名《暴雨将至》，由米尔科·曼彻夫斯基执导，1995年获第51届威尼斯电影节金狮奖。

竹内好是鲁迅的日本诠释者，您在一篇文章里高度评价了竹内好："竹内好的《鲁迅》写得好，除了见识之外，更重要的是他的用心。他是把鲁迅的问题当作自己的问题来写的，或者说，他是把鲁迅放在了一个主体的立场来思考的。"对于竹内好来说，鲁迅是他的思想导师。然而，他是如何关联到鲁迅，以及以什么样的方式来和鲁迅发生关联的？

是因为鲁迅，偶尔发现了竹内好的《近代的超克》这本书。这之前，我对日本的思想一无所知，而且作为一个中国人也不太想知道，日本人怎样思想好像与我无关。因为鲁迅连带了竹内好，而我本人并不是竹内好的研究者，这一点必须声明。竹内好的《鲁迅》被收在《近代的超克》这本书里。该书一直被放在床头，读了几遍。日本早已有了《竹内好全集》，而国内他的书并不多，能读到的除了上述《近代的超克》之外，还有他给日本读者写的鲁迅入门书《从"绝望"开始》。国内研究竹内好的著述也少，除了孙歌教授的《竹内好的悖论》，还有会议论文集《鲁迅与竹内好》。毫无疑问，孙歌是国内竹内好的杰出研究者，而鲁迅之外的竹内好能在中国引起兴趣，也主要得之于孙教授的推介。

还是要接着上面提的问题来：竹内好如何关联到鲁迅的？不无遗憾的是，孙教授的《竹内好的悖论》只有一章是写竹内好与鲁迅的，而且也主要分析竹内好的鲁迅研究问题；而《鲁迅与竹内好》这部集子的论文大都论证竹内好《鲁迅》研究的得与失，并没有正面回答竹内好是如何进入鲁迅这一问题。

为什么鲁迅会影响竹内好一生？其实，这才是我的问题。之所以费了如此身心思考阅读竹内好，我也只是想搞明白竹内好是一个什么样的人，这比去研究他的《鲁迅》是如何产生误读的，对我而言更重要。

说实话，读竹内好的文字比读鲁迅还吃力。我总觉得，他是一个有话不直说的日本人。这不能都归结为他“内心的状况”（孙歌语），也可能源于气质。竹内好首先在气质上与鲁迅很相似（这是读他文字的直感），但我无法论证这个看法。为什么会喜欢一个人，这样的问题可以向人倾诉，但无法从逻辑上论证。这也是我对竹内好的态度。

对日本这样一个思想人物，最要紧的是选择一种什么立场来谈他。如果站在一个中国人的立场，我会选择韩毓海的表达方式，[①]但我认为这对竹内好这样一位思想者不太公平，也显得多少不厚道；所以我认为最好的方式是暂时放下“中国人”与“日本人”这种尖锐的立场，做到阅读者自身的一种平等的凝望。当年如果竹内好不是这样凝望，那他也决计写不出《鲁迅》的。这叫“将心比心”。

在我的阅读感受中，竹内好是一位真正热爱日本的爱国者，正像鲁迅是一个真正热爱中国的中国人，而且方式都一样。因此，无论竹内好说过多少中国的好话，说过多少日本的坏话，他的本意还在他的国家日本那里。这是阅读竹内好时一直自带的警觉。

《鲁迅与竹内好》这部集子，单从研究的角度说，水准不低，包括所有论文在内，但它似乎又缺少了什么。要从竹内好的《鲁迅》如何不符合分析、研究的理性标准入手进行反拨，

---

① 韩毓海认为“竹内好战后的思考从总体上讲就是：对于昭和思想史——这一段‘战争思想史’‘暴力思想史’之‘纯洁性’的狡辩或者诡辩”。这种全盘拯救和打捞的策略在于，通过语境的置换，将昭和时代的帝国主义战争改写成对西方帝国主义的反抗。见氏文《竹内好何以成为问题》，薛毅、孙晓忠主编《鲁迅与竹内好》，上海书店出版社2008年版。

有点隔靴搔痒，从“研究”出发，永远也打不倒竹内好。对待鲁迅这样的人物，不能先把材料切碎，然后再用逻辑的针线缝合起来，这样的研究并不会比竹内好离鲁迅更近。竹内好之后的日本鲁迅研究者不都是这样进行的吗？但竹内好的《鲁迅》还站在那里，至今都无法真正超越。

我的意思说，竹内好的《鲁迅》并不是他的研究所得，而是一种倾诉。对于像鲁迅这样的人物的作品，研究与“读”是两种永远不相交的平行的思想苦行。竹内好属于后者，他不是研究，而是像“写遗书”（竹内好自己的话）一样对待他要倾诉的人。所以，对他的《鲁迅》从“研究”的方式上说三道四，竹内好本人也只会笑笑而已。

在阅读竹内好的《鲁迅》时，最好不要从一般意义上把他看作鲁迅研究的专家、学者。“专家”“学者”这样的头衔加在竹内好的头上似乎不合适。竹内好的《鲁迅》是他对鲁迅的回望而且伴随终生。借用他的说话风格，也可以叫作“终生业余”。“终生业余”对竹内好的《鲁迅》而言不是贬低。《鲁迅》是站在鲁迅研究专家学者的对面，通过对峙证明自己价值的。

在《鲁迅》里，竹内好把鲁迅杂文的写作称为“终生业余”。在他看来，只有“终生业余”的人才会追求终极静谧。“终生业余”这个词是理解竹内好的一把钥匙。他为了说明这个词的意义，还把鲁迅与松尾芭蕉相比较：“正因为‘撤下文台，即为废纸’，所以才全力以赴。在全力以赴之间，对方当会隔着‘三尺秋水’，从这个看着别扭的老爷子身上学到些什么。”[①]“撤下文台，即为废纸”“三尺秋水”都是芭蕉的

---

① [日]竹内好：《近代的超克》，李冬木、赵京华、孙歌译，生活·读书·新知三联书店2005年版，第4页。

话。竹内好为什么要这样叙述鲁迅？除了借着鲁迅诉说自我，没有别的解释。

说竹内好是“终生业余”，就是这个意思。他是通过学习鲁迅而接近鲁迅的，他把自己阅读的对象不是作为一个与他对峙的“他者”，而是一种迎面对坐的方式，把对象内在化。鲁迅就像一面镜子，竹内好通过它，无疑看到的是自己。这样的《鲁迅》是诗意的、个性化的，像是喃喃自语，又像是深夜里与鲁迅本人的对坐闲谈，而且投入了所有的心身和热情。这样一种阅读的方式，我不知如何从理论上界定它。

其实，当时间开启了第一道光，人类就用自己的想象力来解释这个世界了，这是人与动物的主要区别，因为动物从不会“想象”它所存在的这个世界。譬如月亮，现代的科学技术早已把这个星球解释得晶莹剔透，但这丝毫不会影响诗人对它的想象。“月球”和“月亮”成为各代表一方的两种不同的解释方式。这也让我想到了保罗·克利（Paul Klee，1879—1940）的画作《新天使》。因为客观限制，无法把这幅画放在这里。我相信，每个人观看这幅画时都会有自己的感受和解释。但本雅明的解释却是独一无二的，反正我没有看出来，这就是差别：

> 保罗·克利的《新天使》画的是一个天使看上去正要从他入神地注视的事物旁离去。他凝视着前方，他的嘴微张，他的翅膀张开了。人们就是这样描绘历史天使的。他的脸朝着过去。在我们认为是一连串事件的地方，他看到的是一场灾难。这场灾难堆积着尸骸，将它们抛弃在他的面前。天使想停下来唤醒死者，把破碎的世界修补完整。可是从天堂吹来了一阵风暴，它猛烈地吹击着天使的翅膀，以至他再也无法把它们收拢。这风暴无可抗拒地把天

使刮向他背对着的未来，而他面前的残垣断壁却越堆越高直逼天际。这场风暴就是我们所称的进步。[1]

本雅明从这幅画里看到了“历史风暴”，正像竹内好从鲁迅以及鲁迅笔下的中国看到了他和他身在的日本。这样的阅读和观看方式只能归结为一种东西，即一种相似的忧郁气质。本雅明在阐释忧郁理论时引用斐奇诺[2]的观点：“忧郁持续要求精神集中在自身，以进行思辨。忧郁此时宛如世界的核心，尽管如此，仍然有必要探究每个单独对象的核心，以理解最深邃的真理。”从对象物中看到自己，这是忧郁者的基本特征。

竹内好在思考日本时说：“不经过抵抗的近代化之路是不存在的。没有抵抗，说明日本不具有东洋的性格，同时，它没有自我保存的欲望这一点，又说明日本不具有欧洲的性格。就是说，日本什么都不是。”或许对竹内好来说，日本的近代化过程，缺乏一种主体性和国性。这种缺乏意味着什么？

这段话是在竹内好《何谓近代》这篇著名论文里的，应给予认真对待。首先要注意它的写作背景。此文写在1948年，也就是第二次世界大战结束后的第三年。这篇文字内嵌着这样一种感受，不只是因为日本的侵略战争也有日本惨败的战争结

① [德]瓦尔特·本雅明：《启迪——本雅明文选》，张旭东、王斑译，生活·读书·新知三联书店2008年版，第270页。

② Marsilius Ficinus（1433—1499），首次将《柏拉图全集》从古希腊文译成拉丁文，有意大利文艺复兴第一哲人之称。

果。我相信，包括竹内好在内的所有日本人，战前谁也不会预料到这场战争以这样的结局收场。创痛深，感受自然就深。竹内好正是怀着这样的创痛去反思整个日本近代历史的，而反思的路径与方法是他从鲁迅那里得来的。鲁迅是他的思想导师，这多少有点讽刺的意味。

他在这篇著名的论文中把日本的近代叫作“转向型”文化，意思是说，日本从明治维新开始一味地追赶西方，努力地想脱去黄种人的身份而跃升为白人。日本在这方面确实取得了成功，前南非作为荷兰的殖民地就曾颁布法律授予日本人为“荣誉白种人”，以区别于南非的其他有色人种。这里的“荣誉”二字不是光彩，而是欠点火候的意思，因为日本人无论怎样努力，他们都无法祛除那一身带有“耻辱”标志的黄皮肤。日本一部近代的历史就是这样迷失而找不着北。竹内好把日本整个近代过程叫作“近代主义”，一种明显的贬义。

相反，中国正是因为“落后”而不断地否定自身，正像鲁迅不断地否定自己一样。通过从内部的自我否定——即他所说的“挣扎与抵抗”，中国反而在近代的坐标上有了自己的位置，确立了自己的主体性。这种主体性表现在：中国即为中国，西洋即为西洋，处在两个对峙的两极。当然，通过不断革命，一个即将诞生的“人民的共和国”也给了竹内好一种“自叹弗如”的连带性想象。他把这种明显异于日本的中国近代历史称为“回心型”文化。

根据释者的解释，日文里“回心”这个词来自于英语的Conversion，其原意是“转变”“转化”，在基督教的教义里是指忏悔过去的罪恶意识和生活，重新把心灵朝向正确的信仰。竹内好在《鲁迅》以及《何谓近代》中重复使用这个词，意指的是通过内在的自我否定而达到自觉或觉醒的意思。

不要太在意“回心”这个词，它没有多少概念性意义，只是为了说明中国与日本的不同而已。这与丸山真男（1914—1996）把日本叫作“杂居文化”、把中国称为“杂种文化”没有什么不同，只是在词语上好听点罢了。当然，丸山真男这里的“杂种”二字并不是贬义，带有“化合”的意思。

在竹内好的书写中，词语都是他临时调遣征用的，并未固定在概念的位置上，《鲁迅》的叙事风格最为典型。竹内好是一个坚信“思想不可言说”的思想者，所以他和鲁迅一样，都没有构造“体系”，或者说他们都有意无意地拒绝了思想的体系化。他们的思想不是由概念构造的，而是思想自己蹦跳出来的。

竹内好的中国视角，其实是由鲁迅连带的，而鲁迅则是由日本连带的。竹内好的中国论本质上是日本论。他是站在日本的位置对中国进行眺望。他把这样的一个中国有意识地内在为日本的。实话说，第一次读竹内好，曾为他对中国说的那些好话激动不已。然而随着不断地读他，自己的情绪也复杂化了。竹内好的中国观既隐去了日本近代“成功”的一面，也隐去了近代以来中国人民遭受的苦难，包括遭受日本蹂躏的苦难，特别是下层人民。在本质上，这是一个近代的“成功者”借助中国的镜像对自己所做的反思而已。日本人如何反思批判日本是他们自己的事，而把中国浪漫化（也有哈哈镜化的成分）实则是对中国的另一种看轻。在我看来，歧视有两种：一种是对你比对别人糟，另一种是人为地对你比对别人“好”。竹内好的中国观本质上只是处在那些把中国称为“支那”的日本人的对立面而已，并不具有超越性。我的这个态度不是来自于理论，而是来自于自己的一种朴素体验：当我的家乡把我们视为最尊贵的食品对虾出口到日本，只是为了换回日本冰冷的先进机械设备时，作为中国人，我真正理解了什么叫“成功”。更为刻骨的记忆是：当这样的海鲜被出口到日本时，我们自己却还填不饱肚子。所以，每当读到竹内好有关中国的浪漫想象时，我首先想到的是手里的粮食。直白地说，我喜欢他的《鲁迅》，却无法接受他的中国论。

关于竹内好的中国论，他的同乡丸山升（1931—2006）是这样评述的：

> 至于竹内好，在他的中国论中作为有意识的“方法”选取的视角，与其说是通过和中国的对比来构筑日本批判的立足点，不如说是先存在着强烈的日本批判，然后将中国设定为对立的一极。其结果便导致一种倾向：当竹内好的日本批判敏锐地击中要害时，被设定另一极的中国所具有的特质就被尖锐地刻画出来；但另一方面，倘若竹内好的日本批判稍稍偏离要点，就那一问题描述的中国像和中国现实的偏离便十分明显。（丸山升：《作为问题的1930年代》）

其实，中日两国无论是近代历史文化还是主体性本身都存在着巨大差异。就中国而言，我们自己可能看得更清楚，“旁观者清”在这里恐怕是无效的。用“从内部不断否定自己”这样的句子来描述中国近代也未必恰当。近代的中国既是一个自我不断蜕变的过程，也是一个不断学习西方（包括产生在欧洲的马克思列宁主义）的过程。正是在这交互作用之下，中国确立了自己的主体性。近代中国最为迫切的任务并非抽象的“文化主体性”，而是民族和国家自身的独立与强盛。“独立”二字，只有中国人自己才会深解它的重要性。为了这个目标，中国曾以日本为榜样，产生过“戊戌变法”，学习过日本的立宪经验。当这些尝试失败以后，中国才被迫走上了不断革命的道路，最后赢得了国家的独立。换言之，中国的主体性是通过寻求独立而完成的。

而日本在中国的视野里，无论是文化还是经济、科学技术，都是一个近代成功的典型。就日本本身而言，只要摘下竹内好的眼镜，就会发现它并非“什么都不是”。无论是日本的“脱亚入欧”还是“脱欧兴亚”，日本一直都存在那里。他们既没有变成欧洲人，也没有成为中国人，日本始终具有自己的性格。当中国人说“日本人”时，更多的是强调了日本区别于西方和亚洲其他国家的文化主体。竹内好对日本的批判更多的是着眼于当时日本的一种政治现实：战后被美国占领，后来签署的《日美安保条约》又使得美国长期在日驻军合法化。面对这样的现实，像竹内好这样的日本思想者不能不从历史文化层面进行思考。“日本什么都不是”这句话的潜台词不是文学，应是政治和国家本身。近代以来日本不断地发动侵略战争并不是因为缺少主体性，也可能它本身就是日本文化主体性的一部分。

日本思想家沟口雄三（1932—2010）提出一个命题，叫“以中国为方法”，意思可能是说，日本在近代化过程中，总是把中国作为参照来界定自我。或许在中日战争期间，竹内好就通过透视鲁迅、确确实实地“以中国为方法”了。在“以中国为方法”这点上，沟口和竹内之间，是否存在不同呢？

竹内好有一篇文章叫《以亚洲为方法》，沟口雄三有本著作是《作为方法的中国》。这两人应分别来谈。

竹内好的这篇短文里没有亚洲，谈的是中国。关于竹内好"中国方法"的问题，上面已经说到，在具体谈这个问题之前，还是先说说竹内好本人。竹内好战后的思想与行动是容易理解的，最难搞懂的是他在战争期间的思想及态度。有关这方面的读解可参照日本学者丸川哲史（1963— ）的《日中战争的文化空间——周作人与竹内好》这篇论文。此篇文字写得相当隐晦，不过透过字里行间，还是能够大体明白其中的意思，而其标题就颇具意味。文中把周作人称作"对日协力者"，翻译成中文就是"汉奸"。当然，绝不能因此而想象性地把竹内好叫作"对华协力者"。

本篇论文从"周作人与竹内好"关系的侧面梳理了从1934年至1943年竹内好的思想状况。阅读之后留下了这样的印象：与日本武力侵华战争相伴随的是中日"文化空间"的争夺。对竹内好的研究既不能完全放在这个框架（framework）下进行，也不能完全忽略这个背景（context）。竹内好于1937年即抗日战争爆发那年来中国，两年后即1939年回国。这期间他在已被日本占领的北平从事日语教学和语言学的研究，1942年写了《关于伊泽修二》的随笔。根据丸川哲史的解释，竹内好之所以如此作为，多少带有"借助于战争从文化上正面接触真正的中国"的意思，所以他对侵华战争抱有一种复杂的心情。伊泽修二（1851—1917）是日本的语言学家，著有《同文新字典》《支那语正音发微》等书，也是一个有名的汉字废止论的提倡者，"其工作是日本占领台湾、兼并朝鲜半岛后开始的殖民地经营过程的产物"。竹内好接触伊泽修二，主要有两个目的：修正日本用"同文同种"这样的方式所产生的中国想象，强调"日本文化的独立性"；其二，通过正视汉字文化圈各自的不同文化，加强东亚各国通过汉字而产生的文化联系。对前面一点，丸川哲史有如下的评说：

> 在不包括中国本土的汉字圈诸地域，“近代化”课题本身也或多或少包含着脱中华的意涵是一般被认同的想法。……在竹内眼中，看起来多数的日本人似乎像是以物理的行动入侵中国，实际回避与真正的中国作正面接触。竹内之所谓“一方面对事变产生兴奋”，但一方面却一直抱着相当大的不满的意味大概就是缘于此。藉由此战争了解日本所真正面临的课题实际上真正代表的意思是指脱中华的困难度。竹内认为，对日本而言，“文化的独立”是指，在和这战争状况接邻的文化空间中，经由日本与中国的正面接触的过程来达成的。对竹内而言，这战争的意义是，实际上是日本人与中国搏斗，然后为了作自我确认的一大“文化空间”。

“对事变产生兴奋”是竹内好自己的话。其实，通过野蛮的侵略战争而达到与“真正的中国”做“正面的接触”，在中国人看来这极其虚伪。什么叫“真正的中国”？难道日本武力入侵的中国就不是“真正的中国”？什么叫“正面接触”，难道“正面接触”非要用侵略来进行？

对后一种情况，尽管不能把竹内好的思想行动看作隶属于“建设大东亚共荣圈”这种日本帝国主义意识形态的一部分，但要把他的思想后果与这种意识形态做出细致而周密的区分也很难。

促使竹内好思想转变的是1943年。这一年竹内好脱去了文化的外衣，穿上了真正的军装踏上了侵入中国的旅程。在这之前，他像写遗书似地写出了《鲁迅》。这一年，日本的战争败象已经显露，起码在竹内好看来就是如此。所以，他不得不重新转回头来思考日本，因此也就有了《〈中国文学〉的废刊与我》这篇文字。与之前的文字不同，文章“呈现了一种异质性的、悲壮的决心”：

> 我相信，大东亚文化只有通过日本文化自行否定日本文化才会诞生。日本文化必须依靠否定日本文化自身才能成为世界文化，必须成为无，才能成为一切。回归于无，就是在自己的内部描绘世界。日本文化作为日本文化存在，不是因为它创造历史，而是因为它固定了日本文化，使它官僚化，使生的本源枯竭。必须打倒自我保存的文化，除此而外，别无其他生路。①

正如丸川哲史所言，这样的调调显示的已不是败北主义，而是一种“自己否定”理论的至高无上的痛苦声明。从“必须成为无，才能成为一切”“回归于无，就是在自己的内部描绘世界”等“京都学派独特的措辞说法散见于文章的迹象观察，当时竹内参考的轮廓是显而易见的”。“如果把京都学派所要提示的‘世界史的哲学’的逻辑纯粹化的话，日本作为‘东亚’的一员，不得不面临改变自己的境地。而《关于伊泽修二》中被断定的有关‘文化独立’概念，在此几乎全部随风而逝。”

在这篇既隐晦又费解的文字中，竹内好所使用的“文学”

---

① [日]竹内好：《近代的超克》，李冬木、赵京华、孙歌译，生活·读书·新知三联书店2005年版，第176页。

一词并不是通常意义上的文学概念，而另有他意，并试图用来遮盖什么。按照一个中国人的阅读方式，只要是“文学”的地方必须替换成“文化的主体”或者“中国”“日本”本身之类的概念才好理解。譬如，他在解释“中国文学研究会”解散时写道：

> 作为外国文学的支那文学在日本文学的视野里被主体化，这是我们不可转移开视线的问题。就是说，只能主体性地立于日本文学的立场。在这种情况下，我们的决意能够被日本文学所接受么？恐怕不能被接受吧。应该接受这种态度的日本文学过于衰竭，正因如此，我们必须终止这个研究会。亦即对于我而言，支那文学的问题只有在转化为日本文学改革的问题时，它才有意义。中国文学研究会的解散必须成为这个决意的发端。
>
> 今天，文学的衰退已经成为无可遮蔽的事实。把它昭示于天下的是大东亚战争。文学的衰退，客观地说，就是世界不具有文学的结构。今日的世界，与其说是文学性的，毋宁说是哲学性的。今日的文学无法处理大东亚战争。因此，它衰竭了。[①]

这里弥漫的是一种大祸临头的印象和感觉，“正如所谓‘文化’的弹药耗尽后，最后只剩下‘铁制’的弹丸一般”。

如何解释竹内好的上述言论？当然，把日本人的思想放进日本历史中去解释可能最可靠。但作为中国人，又无法单纯放

① [日]竹内好：《近代的超克》，李冬木、赵京华、孙歌译，生活·读书·新知三联书店2005年版，第178—179页。

进“日本历史”中去解释日本人战争时期的有关思想。让我不解的是，作为思想家的竹内好真的分不清什么是侵略战争，什么是“文学行动”？一个国家把自己的军队开进别人的国家，还能谈什么“正面接触”之类的问题？当然，我也相信竹内好下面说的是真话：

我们这一代人直接体验了法西斯主义的发展过程。每个人体验的内容不同，但身处法西斯主义与战争的漩涡之中，这一点是共通的。由此产生出某种生活态度、行动方式上［的］共通性。这种共通性作为对法西斯主义预兆的敏感反应以及本能的姿态呈现出来。……在我的认识里法西斯主义是以不易被察觉的，有时甚至伴随着后退的迂回曲折的方式发展渗透的，其各个阶段都很危险，同时，在各个不同的阶段都并非完全没有防止手段。①

这当然也是事后的话，所谓的“事后”指的是“二战”日本的惨败结局，连同被美国占领的事实。

说过类似话语的还有作为同时代人的思想家丸山真男，而他说得更透彻：

从外部看那种令人恐惧的过激的连续性打击，对于内部世界的居民而言，竟然是不显山不露水地作为渐近的

① ［日］竹内好：《近代的超克》，李冬木、赵京华、孙歌译，生活·读书·新知三联书店2005年版，第237—238页。

变化被接受的。这一状况可以从米尔顿·梅耶[①]的《他们认为那是自由》中找到多数的例证。……我想从梅耶接触的德国人中，选出一个语言学者的“自白”，在这里介绍一部分。……“一个一个举措非常之小，而且得到了非常自圆其说的说明，有时候还表明‘遗憾之意’，所以，如果不是脱离最初开始的这些步骤来看整个过程的话——如果不理解这一切‘微小的’举措在原理上意味着什么的话——那就恰如农夫看着自己田里的作物一点点长大一样，直到某一天，才突然意识到作物已经高过自己的头了”。[②]

这些话如果是从“内部视角”解释日本知识人为什么没有警惕国内的法西斯主义兴风作浪也许不错。但这里的关键问题并不是“内部视角”与“外部视角”的区别，而是涉及一个基本常识问题：一个知识人对自己国家的军队“进入”邻国这样的事件难道真分辨不清楚是不是“侵略”？这样的发问，并不纯粹是中国人的“外部”立场和视角的缘故，而是一个思想者的智识底线问题。搞不搞得清楚何谓“侵略”是一回事，支持或是反对这种侵略是另外一回事。

的确，不能单纯以“政治正确”为标准判断思想的价值，但“政治不正确”的思想不能说就更有价值。不能离开思想与环境的关系判断思想的意义。竹内好特别强调“思想的形成”与“思想的传统”，但剥离了思想生成的物质环境，思想也不

---

① 米尔顿·梅耶（Milton Mayer，1908—1986），又译米尔顿·迈耶，德裔美国犹太人，记者。《他们认为他们是自由的》（1955年）为其最具影响力的作品。

② 转引自孙歌：《近代的超克》“导读”，第65—66页。

可能自行地“裸体性”存在。诚如论者所言：“所有战争的状况——不论以何种方式——都包含了文化方面的斗争，也即是‘文化空间’水准的战争。并且在同时，意味着所谓知识人斗争舞台的‘文化空间’，总是不可避免地被搁置在毗邻物理的战场旁。”（上引丸川哲史文）

这一点，作为同期的鲁迅研究者的李长之把竹内好等研究鲁迅的日本人称为“敌人”是容易理解的：“注意到这部书（按：即李长之的《鲁迅批判》）的倒是我们的敌人，在出版不久，日本的《中国文学研究》上，有大半本的篇幅是介绍这部书，每一个章节都有提要，连后记中所说根据宏保耳特的方法论处也没有遗漏，——或许是因为敌人太笨之故了吧。”[①]

这里，我不想重复、抽象地谈竹内好的“中国方法”，只说一个具体问题：战后竹内好挪用了鲁迅什么东西去反思日本自己的？在《屈辱的事件》这篇文章中，他写了这样一段话：

> 我预料到了战败，却没有想到以那样的保持着国内统一的状态而战败。我曾梦想过：美军的上陆作战，主战派和主和派两者之间统治权分裂，全国沉浸在猛烈的革命运动之中等等。国内人口减少一半，失去了统帅，各地派遣军成了孤立单位。我想，在成了游击队的部队内我该归到哪个部分去呢？这可要好好琢磨琢磨。……可是天皇的广播讲话使我失望颓丧，对什么也发不起怒来。从一开始我就没有实际感受到解放的欢喜，也没有感受到生存下来的

---

① 李长之：《鲁迅批判》“三版题记”，北京出版社2003年版。此处的“宏保耳特”，即洪堡（Wilhelm Von Humboldt）的旧译。所谓的方法论，即从“精神的进展”把握一个人的本质。

喜悦。[①]

也就是说，日本既没有游击战，也没有人民的革命；天皇宣布了投降，一切都安静下来；美军占领，被视为解放。日本是一个什么样的民族？——这是竹内好的问题。

他想到了鲁迅，想到了鲁迅笔下的中国。在竹内好所有的文字中，最让人心动的是他对鲁迅《聪明人和傻子和奴才》寓言的聆听和书写。对竹内好的这篇文字，多年前我曾摘录发在一个网站上，今天再读这段文字仍有当时的感觉——感触深，用力大，淋漓尽致：

> 这篇寓言的主语是奴才。不是奴才的根性，而是具体的奴才（极端地说，即鲁迅本身）。如果仅从这篇寓言里抽象出傻子和聪明人之间人性对立的一面，那么，将失去其个性化的特征而还原为一般的人道主义，这样的东西在欧洲和日本都存在，没有什么新鲜的。鲁迅不是那种性质的人道主义者。在鲁迅看来，那种性质的人道主义乃是那个“聪明人”。鲁迅是拒绝人道主义（以至所有的一切）的。毫无疑问，鲁迅是憎恶聪明人而爱那个傻子的，不过这并非不相干的两件事，憎恶聪明人也就是热爱傻子。在鲁迅那里，傻子和聪明人并不是在价值上的对立物。这样的观点乃是人道主义的立场，在鲁迅那里是不成立的。因为傻子并不能按人道主义者希望的那样拯救奴才。傻子要拯救奴才，则将被奴才所排斥。为了不遭到排

---

① [日]竹内好：《近代的超克》，李冬木、赵京华、孙歌译，生活·读书·新知三联书店2005年版，第228—229页。

斥，为了拯救奴才，傻子除了不再当傻子而变成聪明人之外别无他法。聪明人能够拯救奴才，但这只是让奴才在主观上得救。就是说，不去叫醒奴才，让他做梦，换言之不予拯救才是对奴才的拯救。就奴才的立场而言，奴才向外寻求拯救，这件事情本身正是使他为奴的根源。因此，叫醒这样的奴才，意味着必须让他体验“无路可走”之“人生最痛苦的”状态，即自己为奴才的状态。意味着他不得不去忍受这种恐怖。如果他忍受不了这种痛苦而求救，他甚至要失去对自己是奴才的自觉。换句话说，所谓“无路可以走”乃是梦醒了之后的状态，而觉得有路可走则还是睡在梦中的证明。奴才拒绝自己为奴才，同时拒绝解放的幻想，自觉到自己身为奴才的事实却无法改变它，这是从“人生最痛苦的”梦中醒来之后的状态。即无路可走而必须前行，或者说正因为无路可走才必须前行这样一种状态。他拒绝自己成为自己，同时也拒绝成为自己以外的任何东西。这就是鲁迅所具有的、而且使鲁迅得以成立的、“绝望”的意味。绝望，在行进于无路之路的抵抗中显现，抵抗，作为绝望的行动化而显现。把它作为状态来看就是绝望，作为运动来看就是抵抗。在此没有人道主义插足的余地。

奴才拒绝意识到自己为奴才。他觉得自己不是奴才时，才是真正的奴才。当奴才自身成了主人的时候，将发挥出彻底的奴性。因为，那时他在主观上并不认为自己是奴才。……奴才成为奴才的主子，这并不等于奴才的解放，然而，在奴才的主观上，它却是解放。如果以此衡量日本文化，日本文化的性质就会一目了然。[①]

之所以引述这么长一段话，是为了说明一点：这是竹内好通过鲁迅为日本构筑的寓言。若再把这段文字与同为《何谓近代》这篇论文里的另一段话联系起来，就会看得更明白。他先是引述了加拿大驻日外交官诺曼《日本的士兵与农民》一书中对日本评价的这段话："要将他人奴隶化，使用纯粹自由的人是办不到的。相反，最残忍无耻的奴隶，将成为他人自由的最狠毒最有力的掠夺者。"然后，他感慨地说："我阅读这一段的时候想起了鲁迅。……我觉得诺曼的话是不可多得的，同时为我自己没有足以回答他的话而感到遗憾。不过，鲁迅对此做出了回答。如果没有鲁迅的这些话语，我将要怎样地感到羞愧啊。"[②]痛之越切，爱之越深。我认为，这是竹内好学习鲁迅最深、最有力的地方。

下面简单地说一说沟口雄三和他的《作为方法的中国》。沟口雄三属于晚竹内好一代的日本学者，也是战后受竹内好影响反思日本的人，这种影响他在自己的著述中也提及过。由此而论，对中国的研究和思考两者间还是有某种相似性。在日本，他们基本上都同属于反近代主义阵营的人物，都是在解构"西洋=进步，东方=落后"这样一种二元构造的基础上展开自己的思考与研究的。西方与东方是一种"差异性"存在，而不是价值上的高低之别。而作为东方的中国，恰恰是在反抗欧洲中心主义时确立自己价值的：

① [日]竹内好：《近代的超克》，李冬木、赵京华、孙歌译，生活·读书·新知三联书店2005年版，第205、207页。

② 同上，第220页。

> 欧洲之所以不会用“非亚洲”这种表达方式来形容自己，恐怕不仅仅是因为他们从一开始就认为欧洲和亚洲互不相同是理所当然的事实，更因为他们在感觉上过于自我满足以至于根本就不会把亚洲看做为哪怕是众多标准中的一个来反省自己。然而唯独亚洲却通过欧洲的视线来反观自我，包括价值在内，自问自己到底是不是欧洲式的，或者到底是不是非欧洲式的。这充分显示了近代以降以欧洲为中心来把握世界史的一元化视角是如何深深地侵蚀到了亚洲的内部。[①]

然而，除此之外，无论在学术气质还是学术志趣上，两人都具有相当大的差异。竹内好属于顿悟的思想者类型，“片面的深刻”是其特征；而沟口雄三则是其反面，显现的是学术的、理性的，一种纯粹学者类型。就我有限的阅读范围而言，竹内好的方法是通过把鲁迅连带中国都纳入他自己的一种主体性框架内来展开对日本的思考，其呈现的鲁迅和“中国像”不是准确如否的问题，而是始终以他自己的“思想”形态存在的。而沟口雄三偶尔也提及鲁迅，但他并未把鲁迅作为一种思想的参照来把握中国并以此达到把握日本的目的。相反，沟口雄三是以“中国思想史”这样一种样态出现在自己相对主义的价值世界里的。要把握二者的“中国方法”之不同，只要记住沟口雄三自己说的话即可：

① [日]沟口雄三：《作为方法的中国》，孙军悦译，生活·读书·新知三联书店2011年版，第26页。

以中国为方法，就是以世界为目的。

以中国为方法的世界，就是把中国作为构成要素之一，把欧洲也作为构成要素之一的多元世界。

我们的中国学以中国为方法，就是要用这种连同日本一起相对化的眼光来看待中国，并通过中国来进一步充实我们对其他世界的多元性的认识。①

如果给上述这些话加个注脚，那么可以这样来表述：沟口雄三是以世界多元主义存在作为自己立论的前提，而他本人也是个价值多元主义者。在这个前提下，他通过“思想史”来展开他的中国研究和思考。“基体”是他的中国研究的核心概念。他的“中国思想史论”本质上就是“基体论”。欧洲之所以成为世界的一部分而存在，是因为它自身的基体不同。中国的近代之所以异于日本，也是由中国“前近代”的基体决定的。他通过中国“前近代”的“公私”概念与“大同”概念之间的关系梳理，着重研究了孙中山的共和主义为什么不同于西方和日本；中国近代“民权”思想所具有的“总体性”特征，也主要是与中国“前近代”的基体有关。这也可以解释，他的中国思想史为什么特别注重那些为中国同行所忽略的对保守人物的研究。

欧洲、日本与中国是毗邻的差异世界，或者说都因自己的个性而构成了这个人类世界的一部分。这是“以中国为方法，就是以世界为目的”这句话的意思所在。

① [日]沟口雄三：《作为方法的中国》，孙军悦译，生活·读书·新知三联书店2011年版，第130—132页

Ⅱ 表达的技艺

在阅读您的散文集《孤独的敏感者》时，我产生很多想法，同时也产生很多疑惑；这些想法和疑惑很多都和“表达”这个问题相关。或许，我们可以把电影、音乐、小说和学术都看作某种程度上的“表达方式”，进而把艺术家、小说家和学者都看作“表达者”。如果这种看法基本靠谱的话，我想从“表达”这个话题入手，来向您求教我心中的疑惑。

回答这个问题的一个前提，恐怕是要讲明自己。你知道，我的专业是法学，谈论法学以外的任何问题从专业角度说都是外行。如果这个集子设定的主题是“听外行咋说”，这些话题是可以聊一聊的。对我而言，聊这些东西本身就是一个学习的过程。之所以“敢”聊，主要是缘于好奇心。

除此之外，作为一个不务正业的“闲逛者”，我对这些东西或多或少也都曾涉猎、思考过，体现的是“业余”的价值。对内行人，我总有一个想法：一个电影人不能只听专业影评家的理论和观点，最好也能听听观众对作品的感受，一部片子为啥“叫好不叫座”，说到底，那是因为观众不买你和专家的账。在观众看来，那样的电影不值得掏钱、花时间。就我所知，观众不会先去读电影理论然后再进电影院。

事实上，影评家越是把一部电影说得天花乱坠，就越会败坏观众观赏的胃口。当然，这并不是说“叫好不叫座”的影片都不是好作品，问题是你拍出的影片总得有人看。电影家可以为自己拍片，但绝不会设定只是自己一人观赏。反过来讲也一样，我不会把电影中涉及的法律问题看成是法学专家的观点或意见，但一部好的电影作品也会给我们这些以法学为业的人以深刻的启发。譬如《烈日灼心》[①]里有关法律的那段台词堪称

① 曹保平执导，改编自须一瓜的长篇小说《太阳黑子》，2015年上映。

经典：

> 我认为法律是人类发明过的最好的东西。你知道什么是人吗？在我眼里，人是神性和动物性的总和。就是他有你想象不到的好，更有你想象不到的恶。没有对错，这就是人。所以说，法律特别可爱：它不管你好到哪儿，就限制你不能恶到没边儿；它清楚每个人心里都有那么点脏事儿，想想可以，但做出来不行。法律更像人性的低保，是一种强制性的修养；它不像宗教要求你眼高手低，就踏踏实实地告诉你至少应该是什么样；[它]又讲人性，又残酷无情。

——这几句话胜过一篇出色的专业法学论文，这话并不过分。

从广义的角度上说，人类的分工主要有两类，即脑力劳动与体力劳动。当然，在中国宪法里还出现了“建设者”这个概念，除去中国特定的政治语境之外，它更接近于“脑力劳动者”：经商者，主要靠脑袋而不是靠腿，“财大气粗”说的是心态而不是身体；企业家，一般不会自己搬运产品，而是一个对搬运者发号施令的人；管理者，运用的是技艺而不是力气。

学者、艺术家说到底都是靠脑子吃饭的人。你总不能把弹钢琴看作是体力活。他们是一类人，面对的是一个共同的对象：我们生活的这个世界和我们的生活本身。小说家喜欢把他的对象看成是一种“故事结构”，通过叙事来解释和表达他对世界和生活的见解。音乐家主要靠的是耳朵，他习惯于把生活和世界想象为“声音”：我们的生活、世界乃至整个宇宙都相互关联，存在着一种隐秘的和谐关系，这种关系会带来动静；

把那些在我们看来杂七杂八的声响组合为有规律的音符、旋律、曲调便是他们的工作。电影家擅长的是把生活和世界转换为影像，一个带有色彩、声音、图像、故事的镜像结构。“摄影机”既是电影家探索我们在这个世界的生活、生命的工具，又是他表达问题的主要方式，生活、生命的意义通过对胶片的剪辑、拼接而显现出来。学者的任务则主要是运用自己的“理性”在生活与世界里发现原理、规则、规律、公式、模型，推理论证是其依赖的主要路径。

生活与世界既带有空间性，又带有时间性；既有色彩，又有声音；既枯燥无聊，又有趣味。那些被称作“脑力劳动者”的人，其主要使命就是把生活与世界的某个切面作为自己的对象，寻找一种适当的表达方式去揭示其中的秘密和意义，并从中体验这种表达的感受，以证明自己存在的意义或价值。脑力劳动者，即一群依赖“表达”而生活的人。

我们先从电影说起吧。您似乎系统地关注过张艺谋的电影，尤其是他的早期电影，如《红高粱》《菊豆》《大红灯笼高高挂》等；这些电影，据说被认为是有力地塑造了“中国”的形象。用我们的话说就是，张艺谋通过电影这种方式“表达”了中国，哪怕这种“中国”只是他的一家之言。一些文艺批评家认为，张艺谋早期电影其实比较“媚俗”，媚“西方”之“俗”。他采用了西方人的视角，所表达的“中国”其实只是一个“伪中国”。这种看法让我想起萨义德的“东方学”，“东方学”致力于反思和揭示西方人如何想象“东方”这个问题。在您看来，萨义德的“东方学”，对于我们认识“中国”、表达“中国”

有什么意义？您又是怎么看待张艺谋电影里的“中国”的？

首先是喜欢看电影。这可能是小时候养成的喜好：那时候农村的生活比较单调乏味，孩子们除了打架斗殴也就盼着看电影。那时的电影是露天的，各个村庄要轮流放映。大的村子场次往往要多一些，如果哪个村子的人与放映员认识也会得到多放的好处。我们的村子小又没名气，所以常常要跑到别的村子，因“占地方”被别村的孩子们揍得鼻青脸肿也是常事，那似乎是“爱好培养”应交付的成本。除此之外，银幕反面对外村的孩子来讲，也是最适合的观看地点和方式。

在农村，放映的片子转来转去也就那几部，所以有些片子看了不下百遍并不是吹牛，有些电影场景成了孩子们戏仿的对象，有些电影台词也像玩具被他们牢牢地攥在手里。

现在仍然喜欢电影。坚持这种为数不多的爱好，既与早年的经历和记忆有关，也与自己的生活态度和理解问题的方式相近。对于一个不喜欢热闹的人而言，其最好的方式就是把自己置于一个相对封闭的空间，守着电脑屏幕——用现在的话说，叫“宅”。电影画框里的画面、场景以及在此展开的曲折故事和人生，除了具有询唤（interpellation）功能之外，对观看者的心理也有平复作用。电影作为一种艺术形式，需要的是想象力，它所倾心的是事物的相似性；学术作为理性形式，关注的则是事物的差异性。在我看来，一种深入的思考和探索既需要想象力，也需要判断力，电影无疑是前者的最好训练方式。而关注张艺谋的电影，原因并不复杂。对我们这个年龄的人来讲，张艺谋的名气大，是“第五代电影”的代表人物，而他的电影也常常会引起争议，容易受到各方关注。更重要的一点是，他的电影总能引起电影之外的某些思考。他的早期作品似乎在讲述与我们这些法学中人共同的对象和主题。他用镜头表述他的文本，而法学家则用电脑敲出自己的文字，而那个中国历史与现实的文本世界则是双方共享的。他的一部《秋菊打官司》会成为中国法学者《送法下乡》的主要“参考书”，“秋菊问题”会形成中国法学的命题之一也就在情理之中，并非意料之外。

我不打算详细评述张艺谋电影。只要搜索相关文献资料，你就会发现张艺谋电影存在于两个地方：它曾被形形色色的人研究和批判，形成了无数的研究成果，这些成果似乎比任何一个中国电影人的都多；在当下中国电影的另一角，张艺谋似乎不再被人问津，观众的热情好像转移到他的家庭。无论从哪个方面考虑，自己再在此大嘴咧咧，的确不是一个好主意。我选择的策略是，主要对张艺谋电影研究的方法谈点自己的看法；其次，为了“证明”这种看法，也捎带扯上他的电影。当然，话题都得围绕“表达技艺”进行。

在张艺谋电影研究中，“反东方主义”是一种影响较大的方法论。它主要被应用于张艺谋的早期作品中，如《红高粱》《菊豆》《大红灯笼高高挂》等。[①]这也是“媚俗”“伪中国”这些词语的来源。

这里的问题有两个：中国的电影人如何向西方传达自己的电影？西方的同行和观众又如何能接受来自于中国的电影？这是其一；其二，对西方观众所接受的中国电影中的“中国历史与文化”，中国的知识人又如何认知？

---

① 参见张颐武《全球化与中国电影的二元性发展》《孤独的英雄：十年后再说“张艺谋神话”》《全球性后殖民语境中的张艺谋》；王一川《张艺谋神话：终结及其意义》；陈晓明《“后东方”视点：穿过表象与错觉》。

有一个事实不会引起太多争议：中国的电影不能只拍给中国人看，应该拥有更多的观众，特别是西方观众。中国电影如何能把西方观众拖进电影院，或者首先为西方的电影人所接受，是问题的焦点。这里的“接受”一词的含义极其简单：他们爱看。那什么样的中国电影西方电影人感兴趣，观众爱看？“爱看”并不是一个暧昧的词。喝倒彩并不是为了把人捧起来，而是要把他摔在地上。看别人出丑，这不是观赏，而是起哄。电影无论带有多少商业气味，它本质上还是一门审美艺术。所以，首先不能用“出丑”来界定西方电影人和观众对中国电影的兴趣。

这里，确实存在一个观看的视角问题。这个“视角”既是审美的，也是文化的。审美视角容易理解，眼睛不同，口味自然不同（当然，审美与文化不能截然分开，文化参与了审美方式的形成也是事实）。文化视角则要复杂得多，特别是在中西之间。中国与西方的关系始终是个既说不完、也不易说清的问题。“先进-落后”二元结构虽然遭到普遍质疑，但它的有效性并未完全丧失。“（西方）先进-（中国）落后”既是我们认识自己的基本范式，也是毋庸讳言的事实，包括电影。事实上，西方不仅发明了电影，而且也创造了电影的诸多艺术流派。它的电影技术被全世界学习和应用。好莱坞电影产业仍是电影工业的典范机制。“美国电影走向世界”与“中国电影走向世界”同样一句话，其语义一样而意义却存在极大差异：前者意味着要赚全世界的钱；后者则希望世人（西方）能认识自己。

问题的核心在于：在“先进-落后”仍未完全失效的范式下，张艺谋电影为西方的电影人（包括西方观众）所接受，其接受的机制是否就是东方主义（后殖民主义）的？

要知道，东方主义作为一种方法论，就像是个同一型号的筛子，用它筛选不同的非西方国家，符合筛孔的全都漏下去，上面剩下多少，并不是筛选工作所关心的，它只注重筛。反东方主义与其说是一种方法论，莫如说是一种新的意识形态——很大程度上也是由西方建构，由“东方”书写。它的根本缺陷不在于热心解构，而是有意遗漏了那些原本就存在于不同国家与民族中的文化性。西方电影人和它的观众能够同时接受伊朗和中国电影未必就是出自东方主义的同一种机制，也可能是因为电影映现出的两个国家不同的文化镜像打动了异域的同类，因为人除去差异，仍能剩下类似的情感共鸣。进而言之，中国观众（包括本人）爱看伊朗电影也并非因为同属于东方主义语境下的受害者，与伊朗人一起抱团取暖——电影可能表达政治问题，但它毕竟不是政治——而是因为伊朗有阿巴斯·基亚罗斯塔米①、马吉德·马基迪②、贾法·帕纳西③、巴曼法·玛纳拉④等杰出的导演以及他们创作的那些令人难以忘怀的作品。另一个例子是日本。日本的电影大家如小津安二郎、黑泽明是世界公认的著名电影导演，其作品也受西方世界观众的欢迎，

① Abbas Kiarostami（1940—2016），伊朗导演、诗人。作品有《何处是我朋友的家？》（1987年）等，其中《樱桃的滋味》（1997年）获得第50届戛纳金棕榈奖。导演因在颁奖礼上亲吻颁奖嘉宾法国女演员凯瑟琳·德诺芙的行为，而在伊朗国内引起轩然大波且遭封杀。

② Majid Majidi（1959— ），伊朗导演，作品有《小鞋子》（1998年）、《天堂的颜色》（1999年）等。

③ Jafar Panahi（1960— ），伊朗导演，作品《出租车》（2015年）获第65届柏林金熊奖。2010年因危害国家安全和进行不利于国家形象的宣传，被判处6年有期徒刑。

④ Bahman Farmanara（1942— ），伊朗导演，作品有《夜的继续》（1977年）、《樟树味，茉莉香》（2000年）。曾被禁拍片二十年。

如《东京物语》《罗生门》等。如果把作为现代主义副产品的日本电影以及在西方世界的声誉，归结为与中国相同的东方主义语境，那显然是不合适的，因为日本自身已脱离“东方”，成为先进“西方”的一部分。

说到东方主义，就不能不提到爱德华·萨义德和他的两本大部头著作：《东方学》和《文化与帝国主义》。很有幸，我认真读完了这两本书，有些晦涩的章句——可能因为原著自身，也可能缘于翻译，还重读了几遍。作者属于西方学界深具影响力的学者，而他的巴勒斯坦裔身份使我具有一种莫名的亲近感。这可能源于一个基本事实：作为非西方身份的知识分子面对这个主要由西方构筑和解释的世界时，或多或少都会有一种类似的“不平衡感”。作者在书中声称自己是“西方世界的东方人”。他在另一部著作中说过“知识分子最好的状态是流亡”。“流亡”这个词对他而言，不是一种“在路上”的漂泊状态，而是一种身在中心的边缘性。“巴勒斯坦”这个名称对他来讲是一种永久身份，一个缺少了国家“资格”的国家。巴勒斯坦，正像阿拉法特一样，一个不能称作祖国的祖国，而萨义德自己则永远属于西方知识分子群体中的异乡人。

《东方学》与《文化与帝国主义》是对东方研究（东方学，东方主义）的再研究。这种研究以及研究的方式，对非西方国家知识分子的思考或多或少都会有某种意义。这种意义在于：非西方知识分子在处理非西方世界问题时，无法真正超越西方的东方学家。非西方知识分子似乎被卡在一个自我与非我上下都不可能的中间位置：舍弃不了东方学提供的那个“非我”而认识自我，即便在反抗那条“非我”的路径时，也不得不低头看着东方学已碾过的车辙。非西方的“文化民族主义”在本质上并不是真正“民族”的东西，因为它依赖于东方主义

（东方学）这个对头，没有西方的东方学根本就不存在（非西方）文化民族主义这回事。换句话说，那些自称文化民族主义者并不是一些漠视东方主义的人，而是过分重视对手的人。

我不想夸大萨义德意义的普遍性，其研究对中国问题的价值是限制性的。这种限制性一方面来自于他的研究视野，另一方面也源于他自己的研究者身份。他所指称的“东方”虽然包括了远东的中国，但主要还是以埃及、阿拉伯和伊斯兰国家为主要对象。作为一个巴勒斯坦族裔的西方学者这样选择书写策略无可厚非，却不能代替中国的个案式研究。因为地缘关系，西方的东方学者最早把目光投向近东，这自然有他们的考量。由于众所周知的原因，西方的东方学者对伊斯兰教以及伊斯兰文化的立场和态度，与对中国儒教以及中国的儒教文化的价值判断、认知有着重要的差异，这种差异是在研究中国的“东方主义”时所不能忽略的。总体而言，西方的东方学对待伊斯兰教和伊斯兰教文化，是普遍将其作为基督教（文化）的对立面而加以研究与书写的，这能在萨义德有关穆罕默德这位人物的东方学描述中看出来，这也是萨义德对东方学进行研究的一个重要激愤点。而19世纪末20世纪初来华的西方人（这里主要指传教士）对待中国的儒教以及中国的儒教文化要客气得多。他们在表述中国时，“中国”作为一个“他者”或“非我”主要指向的是“迷信”以及它的“奇风异俗”。之所以这样对待儒教以及儒教文化，是因为他们自信地看到了中国的某种“可能性”，使其怀有一个不同于伊斯兰文化的目标：经过西方的“白手”，中国人能够从儒教中摆脱出来，皈依上帝而得救。

也就是说，萨义德的价值并不是方法论上的，而是其文本中的某些真知灼见。我的意思是说，在对待张艺谋的电影文本时，萨义德所论证的东方主义并非就是一种可靠的方法论。

再回到张艺谋电影。西方（电影专家与观众）[①] 对张艺谋的中国电影的接受，与中国观众（包括我自己）对西方电影的接受应存在类似或相同机制。当然，这并不包括传播。西方不但拥有发达的电影传播技术，而且其资本投入也是中国难以望其项背的，看看好莱坞电影与中国电影在世界电影市场占的份额就知道。电影作为一种艺术形式，之所以能为不同的族群、文化共同体理解和接受，其最根本的并不在“东方主义”（或反东方主义），而是电影艺术所具有的“熟悉的陌生性”以及它的构成方式。

在张艺谋的电影中，《红高粱》《菊豆》《大红灯笼高高挂》等所具有的中国文化元素，都成了对中国传统一种显形的、明目张胆的书写技巧。这些元素可能是中国所特有的，如《红高粱》的迎亲、轿子和“颠轿子”，以及由那大片高粱和与之相邻的环境所营造的与酒有关的故事，包括衣饰、风俗、精神气质等等；再如《菊豆》中的场景——染坊设置，以及通过对五彩缤纷的染布的仪式化处理，都对乱伦、弑父等阴暗故事的书写具有上色、形塑、固化的功能；还有《大红灯笼高高挂》那个阴森、幽闭的空间——宅院的营造，以及对点灯、灭灯、封灯想象性的仪式化创设。

对张艺谋的这种表达方式，多数中国观众或多或少都会具有西方意义上的“陌生性”，因为他们生活的处境早已远离了张艺谋的文本世界。在现实生活中，“轿子”早成了民俗

---

① 事实上，电影专家与普通观众之间不可能存在同一的电影接受机制。不同的观众之间，其观影体验也存在巨大差异。一个跳广场舞的大妈与一个人文学科的教授对同一部电影发出同一种笑声，或同时摇头，这挺难。为了省事，这里假定：西方电影人和西方观众因其来自同一种文化传统，对中国电影存在某一方面的相似或相同的接受机制，特别是文化视角方面。

博物馆里的展品，博物馆化成了它不可避免的宿命；“妻妾成群”，那是一个老掉牙的中国往事；“高粱”作为一种产量较低的农作物，虽零星地存在于当下中国个别农村，但对大片高粱呈现的意象，中国的城市观众（中国院线的观众仍主要是城市居民）也未必熟悉。

然而，这种“陌生性”对中外观众而言，只具有相对意义，因为绝对的陌生会使主体与客体之间无法建立联系。“无法理解”，说到底，是源于主客体之间的巨大鸿沟。即便是猎奇，也是建立在相对陌生所产生的差异性基础上的。我们可以“破译”其他民族的文字和语言，却很难真正听懂猫叫的意思。“熟悉的陌生性”是说，人类之间的陌生普遍存在着相互理解的可能性。

对当代的中国观众而言，张艺谋电影文本的可理解主要来自于自己的历史记忆，一种对教科书和其他读物阅后的反应，即通过阅读所建构起来的“想象模型”，这个模型既可能符合也可能偏离自己的心像，这就成了对张艺谋电影文本颂扬和批评（包括谩骂）的主观依凭。另一个主要途径是现代传媒，如电视、平面媒体、互联网等对受众的控制，使其对象主体只能在其建构起来的（虚拟）空间中吐丝结网。现实的处境与历史的过往通过主体自身的感受，很容易建立起一种相似性的想象。“九儿”“菊豆”“颂莲”既可能是历史上的虚构人物，也可能是现实映现的某个镜像。

对西方的电影人和观众而言，他们愿意接受张艺谋文本中的中国，除了上面所述之外，还有其自身具有的类似性记忆或经验。譬如影片中的“酒”“高粱”“马”“染布”“灯（笼）”等物象，都是西方人所熟悉的，而且其主要功用也基本相同，如染布可以有不同颜色，穿在人的身上既具有审美价值，也有遮体御寒的实用功能；马作为一种动物，它在东西方互不了解的情形下，都被充分运用于战争，也都作为运输和交通的重要工具（想想都觉得奇妙）等。由这些物象所组合、拼接出来的故事，在西方的某个历史时期或阶段，他们也并不陌生，如高粱地的“野合”以及由此表现出的人的自然之性、人的欲望本能和意志；逼仄空间对人性的压抑以及女性在男权主义之下受到的摧残；特别是关于乱伦、弑父这种挑战人类道德极限的阴暗行为，西方人更不会觉得诧异。

如果说，西方人对人类的这些普遍经历已经遗忘，那么，张艺谋的电影文本恰恰能唤起他们的记忆。

萨义德说：“读者在现实中的经历为其所阅读的东西所决定，但这反过来又影响作家去描写那些为读者的经历所事先确定的东西。”文本可以唤起相似性的经历，这一点也适用于张艺谋的中外观看者。在观看者的身边，也许并不存在电影中的人和事，但其身在的现实和历史以及对两者之间关系之构成的认知，又会促使其对文本的认同，感觉那是真的。

对这一“阅读与书写机制”，萨义德进一步做了阐释。他认为，有两种情况会促发文本性态度的产生。一是当人与某个未知的、危险的、以前非常遥远的东西狭路相逢的时候。在这种情况下，人们不仅求助于以前的经验中与此新异之物相类似的东西，而且求助于从书本上读过的东西。二是成功的诱惑。譬如说一个人读过一本描写凶猛的狮子的书后果真遇到了一头凶猛的狮子，这就可能会激发这个人阅读这位作者写的更多的书并且会对其信以为真。如果那本描写狮子的书还教人对付凶猛狮子的办法，而且这办法又行之有效，那么这位作者不仅会获得更大的信任，而且还会受激发尝试写其他类型的书籍。这样一来，一本以如何对付凶猛的狮子为主题的书，可能会导致一系列以狮子之凶猛、凶猛之源等为主题的书的产生。同样，当文本的主题越来越集中在狮子的凶猛这方面时，可能又会产生下列情况：被推荐用来对付狮子的凶猛办法实际上将会“助长”其凶猛，使其显露出凶猛，因为凶猛正是其自身所是的东西，实际上也正是我们所知或唯一能知的东西。[①]

这也可解释张艺谋从《红高粱》到《大红灯笼高高挂》的系列创作，以及中外观影者对它们的照单全收，包括否定性的收受。否定也具有指引作用：

> ……他们认为张艺谋“让自己的先人们剃成难看的秃头，穿着碍眼的前边不开口的大裆裤，当众解开裤子捉虱子，还把人家用一头骡子换来的女人往高粱地里拖。打日本人不但没胜，还输了个精光，死得剩下两个人。这导演还有点中国人的味儿没有？难怪上柏林得奖，西德可出过希特勒。外国人凭啥给你奖，不就是你往中国人脸上抹灰，头上扣屎盆子吗？”“‘正派人’现在甚至已经耻于谈高粱地三个字，因为这已成为淫秽、下流和让人心生邪念的代名词。”[②]

“扣屎盆”也是“接受”方式的一种。它试图通过谩骂与虚构的“东方主义”作战，但这无形中又暴露了自己的怯场，因为话语的勇猛遮盖不了自己并不是“东方主义”对手的事实。

---

① [美]爱德华·萨义德：《东方学》，王宇根译，生活·读书·新知三联书店2007年版，第121—122页。

② 王一川：《张艺谋神话：终结及其意义》，《文艺研究》1997年第5期。

对中外观众而言，张艺谋电影文本能被接受，就在于“熟悉”与“陌生”磋商之后所形成的中间状态，想象便在此诞生。这种恰如其分的“中间状态”便是张艺谋电影的“分寸”，也是张艺谋电影吸引人的奥秘所在。“分寸感”并不是张艺谋选取的文化文本自身，而是表达文本的电影技艺。它是通过电影的艺术、技巧处理而实现的。我同意这样一种观点：西方评委欣赏张艺谋，主要不是因为其电影文本本身的文化性，而是基于他的文化思考和美学——文化上的探索主要表现为电影中文化的仪式化与展示性，而不是对人文历史的哲学意义的图解。因而他的电影避免了接受意义上的沉重，而受到更广泛的大众的青睐：

> 张艺谋倾向于在电影叙事中释放文化意蕴，而直观的电影创作又难以表达抽象的内容，于是就运用了仪式化夸张化寓言化的手法进行艺术表达。张艺谋文本对叙事结构的处理带有在詹姆逊看来“具有极度的断续性，充满分裂和异质，带有幻梦一般的多种解释而不是对符号的单一表述”的“寓言精神”。①

审美经验与文化阐释在电影画框里并非浑然一体，结构为同一种东西；观影策略无论有何不同，审美经验与文化阐释之间都是既相关又分离。电影画面的美会引起观者相似的审美体验，这是真的。

依据上面提出的论点，下面就简单讨论一下张艺谋的几

① 唐盈：《张艺谋电影文本的文化接受与解释》，《北京电影学报》2002年第3期。

部作品。在张艺谋电影的研究中，有不少分类方法，最常用的是时间标准，而如何归纳不同时期的张艺谋电影文本倾向，则有不同声音。[①]最简便的方法是按时间顺序，将其分为早期、中期和晚期。这与李金梅女士在其博士论文中的“疏离”“靠拢”“颂扬”分类基本吻合。张艺谋的电影文本可以与人患的重疾相比较：“早期”代表乐观；“中期”留存“希望”；“晚期”与“等死”同义。“喜欢张艺谋电影”，通常指的是他早中期的那几部作品。诸如《三枪拍案惊奇》之类的片子，更像是张艺谋本人为了讨骂所付出的巨大努力。

以下是阅读张艺谋电影文本的随记。

1.《红高粱》。艺术史家贡布里希（E. H. Gombrich，1909—2001）说：“绘画是一种活动，所以艺术家的倾向是看到他要画的东西，而不是画他所看到的东西。”[②]张艺谋《红高粱》文本里那一片红高粱所呈现的意象，恰如作家莫言在其原著中显现的一样：

> ……八月深秋，无边无际的高粱红成汪洋的血海。高粱高密辉煌，高粱凄婉可人，高粱爱情激荡。秋风苍凉，阳光很旺，瓦蓝的天上游荡着一朵朵丰满的白云，高粱上滑动着一朵朵丰满白云的紫红色影子。一队队暗红色的人

---

① 李金梅的《文化研究视域中的张艺谋》（苏州大学博士学位论文，2008年）以主流意识形态为标准，将其电影文本分为“疏离”“靠拢”“颂扬”三个时期。前期的代表作是《红高粱》《菊豆》和《大红灯笼高高挂》；中期为《一个都不能少》《我的父亲母亲》《幸福时光》；后期为《英雄》《满城尽带黄金甲》等。

② [英]贡布里希：《艺术与错觉》，林夕、李本正、范景中译，浙江摄影出版社1987年版，第103页。

在高粱棵子里穿梭拉网，几十年如一日。他们杀人越货，精忠报国，他们演出过一幕幕英勇悲壮的舞剧，使我们这些活着的不肖子孙相形见绌，在进步的同时，我真切地感到种的退化。

而张艺谋的电影则要返归高粱地，找回文明已经遗失的原始动力。

在这部影片里，男主人公通常都是光着膀子。在我的记忆里，光膀子是中国农村男性公民在夏秋季节里通常的装束。张艺谋将其银幕化是为了让它成为某种能指。通过男性上身肌肉的展示，一种官方文化之外的力量便在银幕上诞生。这是一种与官方规范相对立的野性力量，裸露，毋庸遮盖。它与病态的繁文缛节的官方文化相比，更加真实、也更加有力。正因为它存在于文化之外，所以才能无规则地生长，不受压制，不受束缚，成为中国人生存、延续的力比多。

红色的高粱与电影文本中的高粱酒是否相关，这无关紧要。高粱酒与光膀子、高粱（地）一样都是野性、自然生命力的符号。它既是自然之子，又是强固自然之物。它被赋予了祛病、消毒、提神的功能，既能保证生命的延续，又对自然的障碍具有清除作用。

“土匪”是《红高粱》文本的另一个代码。它是正式社会机制之外没有得到规训的一种野性力量。在传统意义上，它指代的是一种负面价值，正常规则和秩序的破坏者。然而，在《红高粱》里，它被赋予的意义是正面的，不但没有损坏自然空间里的生命秩序，而且还是这一规则和秩序的主要践行者。这已不是通常意义上的“盗亦有道”书写，而是与自然生命一同成长的力量张扬。换言之，自然空间并不是一个杂草丛生的纯无规则的世界，它自始至终都有它自己的特定章法，这便是“仗义”——自然秩序嵌入、依赖的规则或规矩。这里，光膀子（的人）与土匪在文本意义上具有同质性。[①]

《红高粱》让男性主人公往酒坛里撒尿这种处理方式并不好理解。我相信，多数观众看到这个情景都不会有多少舒适感，这的确有点过。为了引导其意义，影片运用旁白形式告知观众那只是个“恶作剧”。（只有真正的痞子才会这样干，这已超出了恶作剧的界限。）而文本的真实意图还是为了与“反正式（官方）文化”相对接，进一步阐释原始生命力量的重要性。“旁白”是电影文本之外的一个视点，它生硬地插进来可以被解读为“历史过程”之后的一个视角。它不在进程之中，而是一个过程完结后的意义显现、评说，带有“跳出圈外”的客观、冷静的观看特点。因而，“恶作剧”也就成了野性力量的进一步延续、升华，“撒尿”培育出的则是自然之果的芬芳和壮美。

“（敬）酒神”是《红高粱》最震人心魄的场景之一，无疑是民族寓言最具典仪化的一种表达。它制造了这样一种效果：引起了心理震颤，却又找不到确切的震源。

“鬼子来了”切断了电影文本的自然叙事，使得前半部文本书写的一切好像都是为这个时刻准备的。时间加入了，意味着历史突然发生，中国复杂的现代性过程也由此展开。“日寇”代表的是一种异己的外在力量，而且是最为残暴的那种，它不可避免地加入这一进程中来。对日寇残暴的书写与对中国

① 这种处理方式最早可见于第五代电影的开山之作《一个和八个》，这部电影的导演虽然不是张艺谋，但他担纲了该片的摄像。正是因其拍摄技巧和色彩的开创性运用使得该片获得空前成功。影片中的“土匪”具有与《红高粱》相同的编码程序，符号特征的类型化也相当明显。

本土自然力量的高调张扬形成对比，并且最终使得这一无穷的自然力量，获得了民族国家意义上最为高尚的加冕，在那一片高粱地上耸立起一座高高的“英雄纪念碑”，虽然无名，却是对“我爷爷”“我奶奶”最好的记忆与悼亡。作为“种的退化”了的后人在中国现代性进程中，也只有从这样的先人那里才能重获希望和力量。

《红高粱》对民族寓言的表达，让人想到鲁迅：“要论中国人，必须不被搽在表面的自欺欺人的脂粉所诓骗，却看看他的筋骨和脊梁。自信力的有无，状元宰相的文章是不足为据的，要自己去看地底下。”（鲁迅：《中国人失掉自信力了吗》）

2.《菊豆》。“在张艺谋的电影中，空间是个非常重要的元素。他的影片多是选取远离现代政治生活中心的、非现在时态的边缘空间，具有明显的遥远、封闭的特征，借助这样一个特殊空间来消除叙事时空的历史确定性，保证故事发生的纯净，以便于将文学中的时间叙事彻底变为影像的空间叙事。”[①]《菊豆》的故事就是被设定在这样一个阴郁、带有不祥之兆的南方染坊中。这是一个有关偷情、乱伦、弑父的故事，是对人性中最为晦暗的那一部分的表达。

※梯子。梯子在《菊豆》电影文本中多次出现。它是连接高低之间的媒介，是从地面攀爬高处的适当工具；它也可以被看作是连接历史与（文本指向的）现实之间的桥梁；在更多情形下，梯子被《菊豆》文本借喻为女性的肉体和正统文化赋予

---

① 李金梅：《文化研究视域中的张艺谋》，苏州大学博士学位论文，2008年，第58页。

的工具价值。因为“菊豆”，杨家家族的香火延续有了可能；也因为“菊豆”，以杨家家族的男性成员为代表的传统便可代代相传、绵延流长。换言之，“菊豆”因为自己年轻、充满活力的子宫，才具有了现实存在的价值。

※命名。那是一个老年人的世界。老年的男性家族成员围坐在一起，给那个刚刚出生的“孽种”取名。命名过程，既被《菊豆》文本看作是传统的指引，又被视作为注定没有希望的未来招魂。传统的智慧被寄予了厚望，而在这里却失去了指引能力，传统的价值被取消。以儒家为代表的正统成了一个无生成性的能指。最后，这个“孽种”被命名为“天白”，与他的“哥哥”“天青”的名字合在一起就是“青白”。这是一个多大的讽刺啊！“天白”的命名过程，完全消解了传统道德和智慧，成了一群男性老年人即时性的智力玩耍。

※挡棺。在我的记忆里，“挡棺”于中国过去的农村确有发生，但并不是所有殡葬必不可少的仪式。它与雇人哭丧具有相同的意义，指向了一个文化习俗中的虚假（伪）成分。在《菊豆》的电影文本中，“挡棺”是被重点书写的，占用了文本不少篇幅。更引人注意的是，它与其他张艺谋的电影一样，被处理成一种仪式，来回折腾。“挡棺”变成了一种表演，是对“杨家传统”虚伪本质的再一次确认。满地的纸钱，身着白色的送葬队伍，像是传统的鬼魂在人间寻欢；漆有大红“寿”字的棺木在众人的簇拥下，像是从历史深处驶来的战车，倾轧过“天青”和“菊豆”那瘦弱的叛逆躯体和灵魂。

《菊豆》文本一反《红高粱》的叙事策略，从倾慕自然本能的力比多摆脱出来，向历史累积起来的“正统的文化传统”的虚伪，投向了最为狠毒的一瞥。

3.《大红灯笼高高挂》。影片开场，主人公“颂莲”被置于电影画框中心位置，背后是虚焦的窗框，眼睛包含泪水——“女人就那么回事”。场景转换为一座阴森、幽闭的孤堡，“颂莲”坐在狭窄的通道上，面前就是这座老式的旧宅，给人的感觉是压迫、窒息。

文本到了“秋”段，男主人公才出场，而出场的方式则是“只有声音，不见其面”。看其身影，观众大致能猜出演员是谁。这个大宅的主人“陈佐千”在整个电影文本中都被置于如此的镜语中，没有一个正面、全身镜头，更没有特写。演员马精武先生的这种敬业精神实在让人敬佩。

在这个幽闭的空间里，除了那些不幸的女人之外，一种“看不见”的支配力量始终在场，它代表了正统的男性权威，行使着这个王国的一切支配权力；它生杀予夺，规制一切，却又在幕后悄悄进行。这个隐形的权威就像是钟表的发条，所有能看见或听见的都与它有关。它是指针方位、钟摆频幅、声响次数的真正发动者。它既不可见，又决定一切。

与此相比，“颂莲”的反抗显得毫无希望，它只能进一步确证这个隐形权力的不可逾越、不可侵犯。在这个王国里，女人无论是得宠还是失宠，都只不过是这个王国主人的寻欢对象，是男人肉体上的承欢者。这是她们注定的角色，无法撕去的命运标签。

《大红灯笼高高挂》可以被看作是《菊豆》进一步延伸的一个文本。它消弭了时间功能，完全转换为空间叙事。整个文本既没有时间的开始，也没有时间性的终结。时间被“夏”“秋”“冬”三个季节的标记符号所代替。整个文本也由这三个不同的符号切割、分配。耐人寻味的是，文本的三个段落中偏偏缺少了“春”。这意味着，它所要着力表达的是一个没有复苏、萌发、再生契机的世界，一个没有出路和希望的空间。

4.《秋菊打官司》。它取景于上个世纪90年代初期，陕西省某个村子的村民以及与其联系的县、市的法律职业人。银幕上那些弯弯曲曲的山路，以及镜头下主人公拖着板车在这路上的行走；为了凑够路费而必须提前卖掉的辣椒；贫穷的村子，城乡之间的经济、道德差异等，这些既相互杂陈又相互联系的诸种元素在电影画框里交错并置，共同构成了文本结局的一个能指，指涉了中国转型期的农村中人情与现代性法律之间相互纠葛的枢机和真相。

这是一个带有明显“转型”特征的文本。这里的“转型”有两层意思：一是指文本作者的转向，即从对历史文化的拷问到转身面对现实的审视；其二是说，文本所选取的对象恰好是中国“转型期”的某一个侧面，“农村”是文本作者擅长的领域。有关这部影片的评说——正如上述——法学家们的热情并不比专业影评家逊色，他们留下的研究性文字也不比行家少。所以，本文选择的是尽量少说，不涉及这个文本的具体内容。

“辣椒”在张艺谋的许多电影里都是经常使用的符号，特别是农村题材，如上面的《红高粱》以及后来的《一个都不能少》《我的父亲母亲》。它可以被看作是张艺谋表达问题的一个工具。在其文本中，辣椒通常是呈红色，被穿成串置放在某处。在《一个都不能少》里，它是被挂放在门侧上方，其功能相当于对联；在《我的父亲母亲》中，辣椒被悬于窗框，与窗台上的南瓜并置。门打开，“母亲”站在门口，满脸灿烂。镜头下的红辣椒、金色南瓜与“母亲”的大红棉袄相映成画，表达出“母亲”对“父亲”将要来家吃饭时那种热烈而又羞涩的等待心情。这个美好的镜头至今难忘。

辣椒，味辛，南北方皆食。南方人食之祛湿，北方人食之驱寒；它既可以调味，也可以作为菜肴。而对拮据的农村生活而言，它因为能“拉饭”，又成了日常饮食的必备之物。对人而言，辣椒是一种矛盾性的存在：其色泽诱人，味道却是辛辣；它是敢想敢干的品格象征，又意喻酸甜苦辣、人生的艰辛。辣椒在《秋菊打官司》里反复出现，其意义也具有双重性：它既是“秋菊”抗争之路上的主要同情者、赞助者，又是转型中的贫穷农村有关情感与法律纠缠不清的参与者、见证者。

与封闭的农村相比，“秋菊”第一次置身的现代空间是“县城”。在那里，传统年画、中外电影明星、歌星的图片、开国领袖的画像排列一起，显得刺眼、杂乱无章，拼贴为一个并不和谐的画面。这也构成了置身于此的“秋菊打官司”结局的一个预言式的书写。

《秋菊打官司》是张艺谋转型的代表性文本。它放弃对文化传统的反思与拷问，而开始从现实层面接近和亲近国家意识形态。虽然还带着疑惑和没有抖掉的痕迹，但其标记已经刻下了。

5. 除此之外，还应补充说一下《黄土地》。虽然张艺谋不是本文作者，但他是这个具有象征意义文本的摄像师。从某个角度说，正因为他在色彩、构图等方面的创造性运用，这部作品才成为“第五代电影”开山之作的代表。它也深植了张艺谋以后文本的主要元素，是其对历史文化传统最具典范意义的反思态度的代表。

文本所表达的是抗战时期，发生在黄土高原上有关拯救与失救的故事。

电影的开场镜头首先出现的是陕北高原的右侧阴影，居于画框中心位置的人物迎面向观众走来，其背后则是连绵不断的高山，一种压制性的力量。镜头切换，太阳即将落山，远处传来歌声伴着大风呼啸。长镜头之下的黄河静流，太阳西沉，取水时的歌声与音乐一同响起。……特写中的油灯缓缓熄灭。

具有八路军身份的“顾青”所代表的是一种拯救的力量，这种力量对于荒蛮中的“翠巧”来讲，既是本土的，又是异己的。“顾青”来自“南边”（延安），那是个光明和希望之地。镰刀、斧头作为“翠巧”生存依赖的主要工具，唤起了她生命的一切希望，亲切、熟悉、热爱是她的真切感受。置于中心视点的“翠巧”满脸笑容，肩上挑水的担子也一同起舞，那是一种对拯救与新生的期盼。

“顾青”要走了，“翠巧”也许下了亲事。黄土高原已浸在阴影里，连同无法被银幕画框框进的高山绵延都成了一种无形的重压，巨大而沉重。镜头伸进暗影里的碾盘，转圈，轮回。

银幕上的山路犹如蟒蛇，曲折、狭窄，进入难，出离更难。

“顾青”在缓缓的镜头下渐渐消失在山的“那一边”（南边），“这边”的“翠巧”哀怨的歌声带着大山的回响。弯曲的山路上又重复着新娘花轿的行进队伍，唢呐呜咽，尘土飞扬，同样的仪式，同样的红色。

镜头切换，明亮的色彩，湛蓝的天空。走来的是延安的腰鼓阵，他们满脸笑容，精神昂扬。就着一轮残月，腰鼓阵慢慢隐去，犹如地平线从山腰消失。

虽然陕北的民居多是窑洞，而“北边”“翠巧”家的窑洞在银幕上始终没有一个完整的影像，镜头聚焦的是窑门、门口破碎的缸，以及窑内的黑暗与破败的窗纸。

镜头转向暗色，那是夜晚的景致。“翠巧”趁着夜色渡黄河出逃，带着满怀获救的希望。黄河开始发怒、翻滚，“翠巧”弱小的身躯与她的歌声一起被这黑暗、咆哮的夜所吞没……

镜头再次切换。“顾青”返回这片黄土地，剩下的只是那个飘零的窑洞。黄土高坡的汉子们开始祈雨，进行着庄严的仪式。“顾青”缓缓走来，与这祈雨的群情激奋相映照，他带来的却是孤独。这孤独像是省略号在文中的停顿，又如他坐在街椅的中间，两边空着，却不再有人来。天空蔚蓝，没有雨滴。

缓缓升起的黄土地覆盖了整个银幕，这是《黄土地》的结束镜头。

以上便是对张艺谋文本阅读时的随记。“随记”不是全景式的总览，更像是瞬间的抓拍，捕捉的是文本带给阅读者即时的某种情绪和意象，缺点则是舍弃系统阐释，无法聚焦中心。随记遗漏了许多东西，但也能获得某些细节所带来的信息。张艺谋文本的表达方式也适合于随记式的观看。

电影本质上是一种视觉艺术，其主题思想必须借助于视觉加以表达和呈现。若不能通过影像满足视觉需求，那再深刻的主题思想也无法得以在银幕画框里展开；相反，如果电影文本过于注重视觉效果，它就会成为隔热板，使得主题思想的热量无法散发出来。张艺谋文本虽然因其表达技艺而获得了中外观众的认同与欢迎，但这些技巧一再被重复使用（如他后来的作品）就会成为文本思想的障碍，而视觉效果也会变成对文本的“装修”。“装修”可以美化外观，却无法改变结构。张艺谋后期文本受人诟病的主要原因也在此。

电影可以鲜明塑造一个国家的形象，其实音乐也可以达到这样的目的。在上世纪 80 年代初，香港歌手张明敏在央视“春晚”上唱了一首名字叫《我的中国心》的歌。这首歌通过“祖国、长江、长城、流在心里的血、中华的声音”等要素，以海外游子的视角，表达了“中国”的形象。据说，这个“中国”形象，一下子打动了所有华人的心；就是这首歌，打破了大陆中国人和海外中国人之间的心理隔阂，为大陆的对外开放、招商引资奠定了情感基础。或许，这首歌唤起了海内外华人的一种对祖国的“乡愁”。对于您来说，“乡愁”应该怎么去界定？“乡愁”在理解“家乡”“祖国”这些事物时，会发生怎样的作用？

音乐能唤起乡愁，这已是不争的事实。即便不懂交响乐，听听德沃夏克的第九交响曲《自新大陆》，也会产生同样的感觉。这部作品创作于1893年，由既独立又统一的四个乐章组成。作品在吸取了美国有色人种的民间音乐素材的基础上，以捷克民族音乐特色而著称。《自新大陆》通过鲜明的音乐形象和真切的情感，充分表达了作者身处“新大陆”的种种感受和对遥远的祖国—— 捷克的深切思念，倾吐作者对其故土的深深眷恋。尤其第二乐章，它被看作是所有交响曲中最为动人的慢板乐章。 正是这段充满无限乡愁的美丽旋律，被后人填上歌词，改编成一首名叫《恋故乡》的歌曲而广泛流传，家喻户晓。

张明敏的《我的中国心》这首歌曲对于华人的感情调动

与它有点类似，但又有不同。这首由黄霑作词、王福龄作曲的歌曲诞生于上世纪80年代初，最早于1982年被收录在张明敏的同名专辑。2005年张明敏再次将其放在他的专辑《明敏龙情》中，而其意义和影响与当年相比已不能同日而语。事实上，这首歌之所以能一夜之间红遍大江南北，为无数的华人接受和传唱，还是因为1984年“春晚”张明敏的登台献艺。看着他荧屏上的那一身刻意的着装——中山装、长围巾，再听着他略带沧桑与磁性的嗓音，对于置身于“祖国统一”期盼中的中华儿女来讲，不激动都不行。

1980年开始，中英两国政府领导人就香港回归问题展开谈判。“香港问题”成为全球华人聚焦的中心。由此所牵动的民族自尊心、自信心又重新复位，（即将统一的）“祖国”唤起了漂泊在外的所有中华儿女共同的家园故土之感或乡愁。在世界民族中，似乎没有哪个民族像中华民族那样，对故地具有强烈的心理依赖。“国家统一”在汉文化中也可以用“团圆”一词表达：流落异乡的游子重回故里与亲人相聚、再不分开。“香港问题”触动的恰恰是这种情绪。而作为香港人的张明敏，他的一首《我的中国心》像是泛海的水手所讲的故乡故事，把“香港（将要）回归”的事实转化为中华儿女集体性“想家”的心情和思绪。歌曲中的“长江、长城，黄山、黄河”已不再是这个国家的地理名称，而是所有中华儿女的共同记忆，是故土家园共享的徽章和符号。[①]

---

① 其实，这句歌词并不准确。长江、黄河、长城作为中华民族共同的精神符号是没有问题的。然而，这里为了排比修辞的需要而把“黄山”加进来，成了这首歌曲的一个不起眼的败笔，因为黄山只是一座山而已，与峨眉山、庐山、华山等山并无二致。它在文化修辞的意义上不及泰山，这是不应被忽略的事实。

我总觉得，中国人有着更多的乡愁，不知是因了人种还是文化。也许可能源于一个简单的事实——困苦多，愁绪就多。看看中国古今的乡愁诗有多少就知道，似乎中国人自古以来，天天都在想家。

乡愁，俗称想家，大致的意思是说，在家乡长大的孩子因故去了别处，也许只是一个时段，也许是一辈子，也许去的是外省、外地，也许就老死在异国他乡——这种长时间的离开故土而生活在别处所产生的一种心理和情绪。乡愁针对的是自己童年生活的地方，与现居地的距离远近有关，但这不是决定性的联系。对一个农村孩子而言，他成年后生活在县城也可能存有乡愁，即思念自己的村子，想念自己的童年伙伴，追忆永远逝去的那段童年时光等等；乡愁更多的是用在漂泊海外的游子，对自己生于斯长于斯的祖国（故乡）的一种眷恋之情。

一个人置身于并不熟悉的环境，因为肤色、语言、思维方式以及生活习惯等差异，即便在此生活很久也很难真正融入进去，这种情形就容易产生乡愁。“融入”是一种相互认同的过程，除了自己对新环境的认知之外，还受来自“本地（国）人”对自己态度的影响。“融入”是一种心理感知，与别人客观上判断的“混得好不好”关系不大。居处于异乡又感到无法融入，这种状态像是“流亡”，无根，没有确定性的漂移，人在路上，心却留在了原地。这种异己性的存在状态会强化对自己出生地的心理依赖。对一个国外移居者而言，对故乡的心理依赖也会把“出生地”放大为整个族群，即一个被称作“祖国”的共同体。“祖国”能唤起亲近感，使人感到温暖。乡愁会让人产生对故乡和祖国的归属感。

在我的阅读范围内，乡愁的最好解释者是法国精神分析学家彭塔力斯（J.–B. Pontalis，1924—2013）：

乡愁的俗称：想家。因为离家而生病。承受流放的痛苦，梦里回乡，没有指望，承诺被等待太久，回归终未实现。

是这样，但是这个家乡是什么？说到家乡，我们所想到的与其说是一个空间，一个地方，或许更不如说是一段时间？对时光Nevermore的乡愁。对永不再来而感受到的痛苦，拒绝改变已被摧毁的现实，对具有毁灭性的时间怀着软弱无力的愤怒，那时间不仅仅流去：它在摧毁一切。

我们支持这样一种看法：乡愁在对过去（“过去主义”，骂人的话）的依恋中，寻找失去的童年。童年的时光充满想象，他却流落远方。毫无疑问是这样。但是我认为对家乡的乡愁有着另外一个根源。他不是把家乡理想化，而是对现实转过身去，对正在死亡的东西转过身去。他的愿望：无论到哪里——不管哪块大陆，哪个城市，哪种职业，哪一次爱情——他都能找到他的家乡，那个生命诞生和复活的地方。乡愁所怀抱的欲望与其说是希望一成不变的永恒，不如说是希望日日常新的诞生。

于是流去和毁灭的时间力图在一个仍然存在的地方展现它的理想面容。家乡是对生活的一种隐喻。[①]

难道还有比这个更好的解释吗？

---

① [法]彭塔力斯：《窗》，孟湄译，江苏人民出版社2005年版，第29—30页。

您在《失传的手艺》这篇散文里，讨论了“讲故事”这个问题。您写到，“讲故事的人取材于自己亲历或道听途说的经验，然后把这种经验转化为听故事的人的经验……讲故事的人都有回溯整个人生的禀赋，这不仅包括自己经历的人生，还包括他人的经验”。然而，根据本雅明的看法，讲故事这种表达的艺术行将消失，原因在于“经验已经贬值”；当我们依傍现代媒体而享受信息便捷的同时，面对面的交流能力已悄然消失。您能跟我们具体说说“讲故事”这种表达方式的特点吗？

也许人都有“听故事”的禀赋。然而对我而言，“听故事”还是一段经历和一种记忆。我来自农村，那个年代农村的生活除了贫穷，还有无聊乏味：除了那几部不知看了多少遍的电影之外，剩下的就是听故事。我们村子里有一个盲人，按辈分我喊他大爷爷。据说，他年轻时是个读书人，半路瞎掉了眼睛。老伴早逝，只有他和他那个注定打光棍的儿子一起过日子。（他这种家庭在当时，儿子是很难娶上媳妇的。我们村每一代都有这样的光棍儿。）我们这些小孩子平时爱到他家玩，多则四五个，少则我一人，目的就是听他“说书”。

《三国演义》《隋唐演义》《七侠五义》《二度梅》是他常说的篇目。最爱听他常说的一句：“小奴家年方二八，是个戴罪之身，不敢抬头。”接着便是男的答道：“赦你无罪，抬起头来我瞧。”然后再说下文。除此之外，当时的公社还把有一技之长的盲人组织起来，成立“毛泽东思想宣传队”。最常见的节目也是“说书”，只是加上了诸如二胡这样的几件乐器而已。如果故事里有男女，女的角色就由宣传队的女性盲人担任。于是，再听到“小奴家”这样的话就有了既视感。

后来便带着这样的记忆与瓦尔特·本雅明以及他的《讲故事的人》相遇。

《讲故事的人》是本雅明论述尼古拉·列斯科夫[①]的文字，也是他著述中比较易读的文本。本雅明认为，“经验贬值”首先来自于“讲故事的人”这个群体的消失。这个曾在历史上有过辉煌的独特群体通常都是些无名者，历史的墓碑上很少有他们的名字。他们有时候被想象成泛海通商的水手，带来远方的趣闻轶事；又可被视为世代定居的农夫，熟谙本乡本土的传统和掌故。他们曾活跃于乡村和都市，从口口相传的经验中吸取思想灵感。“经验”是故事的精髓：“一个故事或明或暗地蕴含某些实用的东西。这实用有时可以是一个道德教训，另一情形则是实用性咨询，再一种则以谚语或格言呈现。”[②]而讲故事的人就是一个对读（听）者有所指教的人。

故事的艺术魅力并不在于逻辑推理。相反，故事首先要做的是让我们关闭意识的理解之门，打开我们心灵的直觉之窍，调动我们整体的认知力量。故事里没有因果链条，只是一幅由人物或情节组合的图像，而心灵习惯于以图像式的眼光看东西。“听故事”的最佳效果是某种顿悟，一种“啊哈”式的经验——因为故事，我们突然明白了一些之前不了解的东西，一种“啊哈，原来是这样”的感觉。然而，“啊哈”式的经验并不是对一个具体的棘手问题的理解，而是突然意识到自己原来的整体思路怎样发生了偏差。用哲学的语言说，这是从教条主

---

① 尼古拉·谢苗诺维奇·列斯科夫（1831—1895），俄国作家，创作体裁以中短篇为主，题材涉及广泛，具有浓郁的生活气息和民族特色，代表作有《姆岑斯克县的麦克白夫人》等。

② [德]瓦尔特·本雅明：《启迪——本雅明文选》，张旭东、王斑译，生活·读书·新知三联书店2008年版，第98页。

义的沉睡中觉醒过来。

故事不同于小说："小说诞生于离群索居的个人。此人已不能通过列举自身最深切的关怀来表达自己，他缺乏指教，对人亦无以教诲。写小说意味着在人生的呈现中把不可言诠和交流之事推向极致。囿于生活之繁复丰盈而又要呈现这丰盈，小说显示了生命深刻的困惑。"①小说言说的是"无以言说"的"生活意义"，而故事带来的则是人生"教诲"。

故事也不同于新闻。因为"任何事件传到我们耳边时都早已被解释得通体清澈……消息的价值昙花一现便荡然无存。它只能在那一瞬间存活，必须完全依附于、不失时机地向那一瞬间表白自己。故事则不同。故事不耗散自己，故事保持并凝聚其活力，时过境迁仍能发挥其潜力"②。讲故事的艺术法则是"避免诠释"，即不把事件心理上的因果联系强加于读者，"叙述赢得了消息所欠缺的丰满与充实"。

现如今各种新闻到处都有，科学的能耐可以把未知的事物解释得晶莹剔透。只有讲故事的人属于那个已去的时代：

> ……一个古老的时代。那时，地球腹中的石头和高悬的神圣星辰仍然关怀人的命运。不像今天，天地不仁，万事万物对人子的遭际漠然置之。万籁俱寂，无有与人晤谈之声，更遑论听从人之颐指。未发现的星体已没有一个能在占星术中起作用。还有许许多多新石块，都测量过，磅秤过，其特别的重量密度检验过，但石块不再向我们诉说

---

① [德]瓦尔特·本雅明：《启迪——本雅明文选》，张旭东、王斑译，生活·读书·新知三联书店2008年版，第99页。

② 同上，第101页。

什么，也不带给我们好处。它们跟人交谈的时日已一去不返了。[1]

唯有讲故事的人仍忠于此时——这是本雅明自己的话。

在《摄影机的罪恶》这篇散文里，您讨论了《意志的胜利》这部德国纳粹电影。本雅明在评论这部电影时说："法西斯主义合乎逻辑的结果是把美学引入了政治领域……人类自我异化已达到这样的程度，以至于它能把自身的毁灭当作放在首位的审美快感来体验。这便是法西斯借助于美学的政治形势。"或许，本雅明给了您某种启发，您自己感慨地写道："说真的，如果没有本雅明的这些话，我会认为（作为导演的）里芬斯塔尔是个艺术家，《意志的胜利》即使有毒还算是个艺术品；有了本雅明的这些话，里芬斯塔尔就是个小丑，《意志的胜利》就是一个蠢货跟人类开的一个愚蠢的玩笑。"在这里，您似乎讨论了艺术表达在求"美"和求"善"之间如何权衡的问题。我想把这个问题更普遍化一些，那就是，在艺术表达、学术表达过程中，表达者的个人志趣和公共担当之间，该如何妥善协调？换句话说，艺术家和学者在展开自己的事业时，哪些成分可以是纯粹私己的，哪些成分必须考虑他人与公众？

首先要纠正一下：文中引用的瓦尔特·本雅明的那段话，并不是他针对《意志的胜利》这部电影所做的评论。《意志的胜利》的拍摄时间是1936年，主题是德国纳粹党的第六次

---

① [德]瓦尔特·本雅明：《启迪——本雅明文选》，张旭东、王斑译，生活·读书·新知三联书店2008年版，第107页。

代表大会，地点是慕尼黑。而在同一年，里芬斯塔尔（Leni Riefenstahl，1902—2003）的同乡、流亡中的瓦尔特·本雅明写出了《机械复制时代的艺术作品》这篇无处发表的重要论文。按照通常经验，身在异国他乡的本雅明生前不可能观看过这个影片，当年的里芬斯塔尔也不可能读到这篇论文。上引的那段话便是取自于这篇论文。

当时因为刚刚读完了本雅明和有关他的传记性文字，写那篇东西是带着某种情绪的。它也传染到了对里芬斯塔尔女士所做评论的语气上。记得该文首发于某个网站后，有好心读者指出了这个问题，自己也虚心承认了这个过失。对一个身在历史之外的观看者来讲，其表达缺少了基本的“书写礼节”和应有的平和态度，这是不应该的。然而，里芬斯塔尔创制的这部作品确实带来了一个问题：艺术与政治到底是什么关系？当然也可转换为你上面提到的“美”与“善”、表达者如何把自己的表达呈现给公众等问题。

本雅明的那篇重要论文非常敏锐地预见到了电影美学与法西斯政治的关系。而里芬斯塔尔女士的过人之处恰恰是把本雅明的预言在她的电影中出色地实践了。因为这部影片，里芬斯塔尔被看作是艺术上的巨人、政治上的侏儒。为此她曾抱怨说，“女人是不允许犯错误的”。她说错了。这跟性别无关，而是艺术与政治的紧张关系使然。艺术家拿捏其中的分寸是关键，否则，无论男女都会掉进去。

里芬斯塔尔为所有的艺术家提供了一个样本：对那些委身于政治的艺术家来讲，从她那里可以学会一种本领，在俯首帖耳于某种政治的同时，在美学上对其有所指教，而且还能做得非常出色。而其代价是：如果政治错了，那自己就得为这种选择全额埋单，艺术不能成为免责的高尚借口；对那些“为艺术而艺术”的人而言，他无论如何不情愿，也避不开政治；即便有意将自己隔在政治之外，政治也会在你熟睡的时候来敲门。拒绝政治的艺术不是艺术。另一方面也要看到，艺术之于政治是一种无力的东西，一种“无用之用”。

如何处理艺术与政治的关系，不用到国外去找例证，咱们中国自己就有。鲁迅说，一首诗吓不走孙传芳，一炮就把孙传芳轰走了。鲁迅在《魏晋风度及文章与药及酒之关系》这篇文字里，讲了政治家曹操杀掉文学家孔融的故事。被杀的缘由很简单，文学家孔融批判了政治家曹操，因他的批判而遭曹操的杀害。鲁迅用它作材料，机智、敏锐地解悟了其中的道理：

> ……曹操要禁酒，说酒可以亡国，非禁不可，孔融又反对他，说也有以女人亡国的，何以不禁婚姻？
>
> 其实曹操也是喝酒的。我们看他的“何以解忧？惟有杜康”的诗句，就可以知道。为什么他的行为会和议论矛盾呢？此无他，因曹操是个办事人，所以不得不这样做；孔融是旁观的人，所以容易说些自由话。曹操见他屡屡反对自己，后来借故把他杀了。他杀孔融的罪状大概是不孝。
>
> ……倘若曹操在世，我们可以问他，当初求才时就说不忠不孝也不要紧，为何又以不孝之名杀人呢？然而事实上纵使曹操再生，也没人敢问他，我们倘若去问他，恐怕他把我们也杀了！

竹内好对此评论说，“就是这么种关系：杀人者杀批判者，而批判者因被杀而批判杀人者。政治在政治上是有力的，但在文学上是无力的；无力的文学，作为文学是绝对的，这是因为它的无力”[1]。其实，艺术家都长了一颗欠揍的心，这是不便说的真实。

由此观之，一个表达者面对“纯粹私己”如何表达很容易，反正自己高兴就行；但当面对公众的时候，表达的确是个问题。施特劳斯（Leo Strauss，1899—1973）学派面对他们称的“庸众”，提倡“隐微写作”，类似于孔子做《春秋》的笔法，讲究“微言大义”。所以，拿起他们的书，阅读就变成了解码。在我看来，法学家要知道如何向公众表述自己的思想和观点，最好首先能读一读鲁迅的这篇智性文字。

我们从电影说到音乐，又说到“故事”，其背后，似乎都是在聊不同类型的表达方式。有时候，表达方式的差异，会导致表达效果的差异，进而会产生“话语权”“解释权”争夺问题。接下来，我要向您求教的就不是“表达方法”的问题，而是“表达效果”的问题。在中国和西方世界相遭遇的近现代时期，西方凭着其强势而有效的“表达方式”而掌握了“话语霸权”，这种“话语霸权”甚至一度导致“中国”得由西方人来界定，中国人丧失了自我表达能力……您能具体说说这方面的情况吗？

这是一个很大的题目。我想在另一本书《黄脸：被认知的中国》中，来集中阐释这个问题。在此，只要记住福柯的“话

① [日]竹内好：《近代的超克》，李冬木、赵京华、孙歌译，生活·读书·新知三联书店2005年版，第140页。

语即权力”这个观点就行。

话语本身是一种权力，它来自话语背后的力量。国家话语权最终由国家力量的强弱来界定。一个不能自保的国家最好不要到处嚷嚷世界和平，因为没人会听。

正如你所言，中国自我表达能力的丧失是从近代开始的，而中国的近代则是西方权力扩张的一个结果：西方大踏步前进，中国则节节败退。在西方向中国挺进的队伍里，既有到处寻找买主的资本意志，也有探险家冒险的激情，还有为了建立普遍神圣王国的传教士的宗教献身，当然也有手握兵刃的军事征服。正是在这进与退的关系中，西方在中国的身上验证了自己的理性、科学、解放、实证主义的威力，并进一步确认了自己的近代性。相反，败北的中国则因为失败与被征服而无法确认自己。与前进的西方相比，中国成了非理性、愚昧、奴役、空虚、颓废的代名词。近代中国所丢掉的不仅是自己的领土和主权，而且也丧失了命名自己的权利。欧洲是欧洲的，亚洲也是欧洲的。我的意思是说，这里的“亚洲”，并不是一个纯粹的地理学概念，它或多或少也带有某种意识形态的色彩。人类的居住地是西方根据自己的理性、科学丈量和测算而划分命名的。亚洲既在欧洲之东，也在欧洲之后。

不能不承认，中国近代的主要特点就是在西方面前表现出的这种极端落后性。这可以用反动势力的强大进行解释，也可以用中国自身的国家性质来说明。这倒不是最重要的。重要的是，中国所有西方意义上的进步之路全被封堵死了。当上层官僚的异议都成为禁忌，中国革命只能越来越向下层民众推移，“下层革命”就成了中国近代性的主要方式。无论我们有多少不情愿、不甘心，无论我们对历史做过多少次假设，我们无法、也无能接纳西方的“进步”则成了一种最严酷的事实。不断革命成了我们的近代性自身。

中国的话语权就是在这不断革命以及最后取得胜利的过程中逐步获得的。现时世界再一次证明：一个国家话语权的多少、分量轻重，最终是由其自身所具有的国家力量（包括物质的强大富足以及现代的文明程度）决定的。如果缺少这种力量，那么最明智的选择，是闭嘴。

西方人对“中国”这个概念的界定，某种程度上又通过其经济政治的优势而回售给中国人。这或许就是所谓的西方“文化帝国主义”的具体表现了。如果这种看法正确的话，作为中国的人文社会科学学者，我们应当如何对付这种局面呢？

正如上引萨义德在《东方学》与《文化与帝国主义》书中所论证的那样，东方主义是西方书写“东方”的一种基本策略、技巧和学问。中国作为东方的大国，也曾为19世纪以后的西方传教士以及其他的西方人士以类似的方式书写过。这种书写又反过来对中国人表达、确认自己，产生过重要影响。处在近代语境下的中国人，好像若不按东方主义的表述方式表述，就无法认清自己，也无法确证自己的真实身份。东方主义在中国的这种“中国化”被称作“自我东方主义”。

在“自我东方主义”表述结构中，梁启超的著述堪称典范，譬如《新民说》。《新民说》是梁启超的重要文字，在其整个思想中具有显著位置。它承袭了东方主义的表述策略，却又有着与东方主义不同的欲求，其目的是想借用东方主义的药料治愈东方主义，最终完成对东方主义的“超克”（借用竹内好的术语）。

在《新民说》文本里，始终存在着对立的两极：一极居于文本的右边，它是“好”榜样的西方和日本；另一极则位于文本的左边，它是“坏”典型的中国。通过颂扬与批判，梁启超的“东方主义”生成的却是一种“去”“东方主义”的诉求。应注意的是，当梁启超在表扬西方的时候，他更多的不是为了证明中国有多坏，而是为其找出一个可以效法的目标；当他对中国的历史与文化表达愤怒的时候，只是为了说明中国的现状，而不是真正意义上的西方主义。他把中国的过错更多地归结为中国历史上对自己“正确”的东西的背离，而不是根上的坏死。他把孔子、孟子、荀子、王阳明、曾国藩看作这种“正确”的源泉。在他看来，中国落伍的一个原因是没有听从圣人的教诲，仿效圣人君子的正确做法。中国是被那些自称孔子学生的末儒佞徒给弄坏的。

梁启超引述中国古典，并不是为了让读者支持他的西方式的新民计划，而是提醒读者在成为新民的过程中，不能忘记对中国圣人君子的效仿。中国“纯全”的古典，是处在西方的普遍主义与中国的特殊主义之间的一种中间物，并不属于东方主义语境下他者的那部分。梁启超“新民”文本中的孔子、曾国藩，在策略上应是作为克服中国服膺西方中心主义给中国带来的不适感、自卑感必备的一剂解药，它是中国思想之为“中国”的源泉。

这也是“自我东方主义”在中国的一种悖谬式的存在方式。

对今日的中国人文学术而言，我同意这样一种看法：“目前的中国正面临着这样一个不借助于西方语词便无法表达、但借助西方语词又不能准确表达的困境，这可以说是我们当前的最根本的困境。”具体说，“自我东方主义”的表述策略依据的是“（西方）先进-（中国）落后”的二元结构，它构成了一百多年来我们表达自己的一个基本范式。问题是，对待它的方式是像梁启超那样，先是正视、利用，然后再去克服它，还是颠覆“自我东方主义”的表述结构而回归中国的主体性表述？后者无疑是一种适当的选择，但问题仍然存在：在当下中国，东方主义所依据的“先进-落后”范式真的失效了吗？它是总体失效还是部分失效？它是在什么层面上失效或有效？如何应对这些问题，是中国学术回归中国的基本前提，也是中国学者的一项艰巨任务。

记得您曾说过，“文艺的本质是虚构，其底子在小说；学术的本质是阐释，其底子在史学”。按这种说法，文艺家和学者在表达时，可能使用的方法是不一样的。然而，有一种看法认为，不管是文艺还是学术，都需要想象力。如果这种说法正确的话，文艺家和学者在使用“想象力”时，是否有差别？更具体地，学者应当怎样使用“想象力”，在使用过程中有没有什么禁忌？

首先为自己说过的这句话做个说明。“虚构”在这里并不是“不真实”的意思，而是指艺术的特性。任何艺术都可能指向客观真实，但它自己却不是这一对象本身，而是表达对象的一种方法。对艺术而言，“虚构”作为表达方法则是真实的。譬如，作为电影艺术重要一种的纪录片，其本质也不在“记录”，而是带有虚构性质的一种塑造。“纪录片”的风格可能是纪实性的，但它并不是客观对象的“纪实”，而是一个“被拍出来”的对象。这里起关键作用的是摄影机和剪辑。摄影机是这样一种东西：“……借助它上升和下降，插入或隔离，延伸或加速，放大或缩小等等机能而介入进来。摄影机把我们带入无意识的视觉，犹如精神分析把我们领进无意识的冲动。”而“慢镜头也不仅仅是呈现运动的为人熟知的特性，而是在里面揭示出一种全然不为人知的东西，‘它与快速运动十分不同，它制造出一种它独有的滑翔、漂浮、超自然的运动效果’”。[①]

电影还有一个特质就是画面的急速流动性。这与绘画艺术的画布不同：“绘画呼唤观看者凝神注视；面对画布，观看者能够在自己的联想中放弃自己。而在电影画框前他就不能这样。一个画面刚刚等到被他的眼睛抓住就已经变成了另一个画面。它不能被人捕获。”其结果就是，“在观看这些形象时，观看者的联想过程被这些形象不停的、突然的变化打断了”。[②]本雅明将其称为电影的“震惊效果”。引起震惊是所有电影艺术的追求，纪录片也不例外。在纪录片中，摄影机通过不同角度和各种拍摄技巧以及不同镜头的运用，对拍摄对象加以捶打和穿刺，再通过把个别镜头与其他镜头加以剪辑拼接，就可以达到重塑客观真实的效果。

与此相类似的还有摄影艺术。对此，只要记住一点就行：所有的影像都是人为的，它在复制的同时也在再造景观。就我的阅读而言，对摄影艺术最有指教性见解的，莫过于约翰·伯

---

① [德]瓦尔特·本雅明：《启迪——本雅明文选》，张旭东、王斑译，生活·读书·新知三联书店2008年版，第257页。

② 同上，第259—260页。

格（John Berger，1926—2017）。下面引证的这些话是最有力的证据（而且我相信，许多人和我一样未曾这样想过，但一看又都能明白）：

> 摄影捕获时间的流逝，显示被拍的事件曾经存在于世。一切照片都是关于过去的，在照片中，过去的某个瞬间被抓住了，因此，与那些有生命的过去（活的记忆）不同，这样的瞬间永远不可能导向现在。每张照片都带给我们两个讯息：一个关乎被拍摄的事件，另一个则关乎非连续性的震惊。
>
> 一张照片保存了时间的一个瞬间，阻止它被后来的瞬间抹去。在这方面，相片或许可以与储存在记忆中的影像相比较，但是却存在一个根本性的差异：记忆中的影像是持续经验的剩余，而相片却将不相关瞬间的现象孤立出来。
>
> 一切照片都充满歧义。一切照片都来自连续性的断裂。如果是一个公共事件，这一连续性便是历史；如果是私事，已断裂的连续性便是人生故事。即便是一张单纯的风景照也打破连续性：那就是光线和气候的连续性。不连续性总会产生歧义。但这种歧义经常不是显而易见的，因为一旦照片被配上文字，它们就一起提供一种确定性的效果，甚至一种教条式的武断效果。

照片不是对现实的翻译。它们自现象中引用。①

艺术来自于事物间的相似性联想，是想象力的显现；而学术则更偏向于事物的差异性思考，注重的是判断力。它们在本质上都是一种智力活动。

与艺术相比，学术缺少了“美”所带来的趣味性，但它把自己的热情全部投向了“智性”本身。爱智是学者的品格。对一个爱智的人来讲，他首先知道知的有限性，承认自己不是无所不知，或者用苏格拉底的话说，就是知道自己的“无知”。学术活动是对事物提供智性上的解释或阐释，以达到“知”的目的。学术的动机是源自对人类事务的好奇心，人文学术概念预设的前提是类型学，即预设了某种经验在具备同等条件下可重复使用。它是解释或阐释的动因，也构成了解释或阐释活动自身的价值。这也限定了人文学术的范围，它只能对已“发生”或已“存在”的事物有效。从这个意义上说，学术的本质是史学的，而非哲学的。历史学并不是为了还原真相，而是对历史过程进行解释或阐释的知识叠加，其存在的合法性、正当性便是“人类经验可重复使用”的预设。学术即经验之学。

“知识”和“意见”是人文智识活动的重要分类方法。前者由学者承当，后者则是智囊的任务：学者供给“智识”，智囊则提供“意见”。智识与喧嚣无关，只与真理相关。或者说，在亚里士多德的意义上，存在两种知识分子的生活，一类是沉思的，一类是行动的。前者是学术的、知识的，后者是政治的、意见的。一个学者首先应当努力地不被“体制化”。

---

① [英]约翰·伯格、[瑞士]让·摩尔：《另一种讲述方式》，沈语冰译，广西师范大学出版社2007年版，第74、76、78、81页。

艺术创作和学术活动都离不开“想象力”，它是一切智力活动的必备介质。没有想象力的人成不了艺术家，缺乏想象力的学术活动也就是码字而已。想象力是学者发动其学术活动的重要契机，与一种叫作“灵感”的东西相联系。灵感如澍雨，它能打湿和润开硬壳，使那些未知的种子破土而出。当然，学术毕竟不是艺术，想象力只是展开学术活动的一个因子而已。想象力只有通过论据、论点、论证的介入，才能成为学术活动的真正引导者、谋划者。证据和论证的结果最终规训了想象力在学术中的界限和它的活动范围，若超出这个界限和范围，学术就成了一种魔幻主义的艺术。

III

表达的语境

我清晰地记得这么一个图景，在一次博士论文答辩过程中，您是答辩委员会成员，答辩人中有一个韩国留学生，她的论文主题是“中国妇女工作权”。在答辩过程中，您说了这么一个问题:“在中国乡下，一般不说‘工作’，而是用‘劳动’这个概念；‘工作’和‘劳动’有着不同的语境，适用于不同的场合；二者语境的差别，决定了它们意义的差别……”自此之后，我对“语境”这个概念就变得比较敏感。您好像经常使用这个概念?

现在看来，经常使用语境这个概念并非好事。事实是这样的：当我们在讨论一个问题而又深感无法进一步深入下去的时候，往往会想到语境这个词，以便用它来说明——其真实的用意是遮盖或阻挡——该问题的复杂性。国内有些研究语境理论的学者曾带着牢骚的意味说道：“在哲学及语言学之外的人文社会科学领域，‘语境’只是一种避免深入细致论证的托词而已。”[①]这话一方面准确地揭示了人文社会科学领域因语境的泛用所产生的弊端，另一方面，也因为这话的深刻而自身具有片面的极端性。为什么只有在哲学和语言学上，语境才能被研究？人文社会科学难道不存在语境问题吗？对人文社会科学而言，语境固然不能成为偷懒的托词，但语境问题并不会因为研究者的“偷懒”而自行消解。关键的问题是用“语境”来干什么。在人文社会科学中，语境是作为浅尝辄止的“托词”，还是为了把问题深入下去将语境作为方法来对待，这两者的界限并不是十分清晰。

---

① 殷杰、韩彩英：《视域与路径：语境结构研究方法论》，《科学技术与辩证法》2005年第5期。

在你的上述问题中，语境的差异是非常明显和重要的。我对韩国的情况并不了解，只能推测地认为，这位韩国留学生选择这个论文题目，可能是基于对韩国妇女的“工作权”问题的思考，而对中国妇女的职业化发生兴趣，并把这个兴趣带入对韩国妇女的职业化关注当中。在这一语境下，她所关注的是妇女的“工作”而不是“劳动”。进而言之，作为一个韩国留学生，她可以从语言学上把汉语中的“工作”和“劳动”这两个词分别清楚，但她未必能真正把握其语境，即作为“言外语境”存在的中国特有的城乡二元化分野所带来的差别。这个语境差，既有中、韩意义上的，也有中国内部的。就内部而言，在中国官方语言中，“劳动”是被嵌入与“就业”相关的语境下，意指国家对公民个体体力或智力上的付出所进行的确认和采取的态度。劳动的意义是作为劳动主体的权利还是义务则由国家确定，如《劳动法》。这里的“工作”可以看作是有偿性的劳动。

而在中国的乡土语言中，“劳动”是被置于与土地相关的语境中，其核心意义是指“下地”，包括耕种、除草、施肥、浇灌、收割、储藏等；也指未成年人的“下地”，如拾荒、打猪草等；对中国的农村妇女来讲，“劳动”除了“下地”，还包括专属她们的洗衣、做饭、养孩子等家务。而且“劳动”是正式用语，带有书面的、官话的味道，他们之间经常使用的不是“劳动”，而是“干活”一词。[①]与此相对应，“工作”一词在中国农村并不常用，偶尔用到的时候也是特指，用来指称“城里人”的劳动，如“他在县城工作”，有时带有艳羡的

---

① 在我的经历和记忆里，每天清晨和中午，生产队长都要满街吹哨子，催促大家出门，而且经常伴随着他的吆喝：“快起来，下地干活了！”

意思："老李家的孩子在县城工作。"置于中国乡野语境中的"劳动"一词，是与日出、日落这类自然现象相联系，也与日晒、风吹、雨淋，弯腰、流汗、酸痛等有关系，常带有"艰辛""宿命"的意味。这种官方与乡野不同语境中的"劳动"词语所产生的意义，并不是一个外国年轻的法科留学生能够把握得了的。

在我的意识里，语境似乎是某种意义系统，这种意义系统决定着它内部要素的含义。您是如何理解语境这个概念的？

在这里，给语境这个概念下定义，并不是明智之举。语境肯定与语言相关，没有语言也就没有语境，语言则又会产生文本和语篇。倒过来说也行：文本或语篇都是由语言、言语或话语组成，有文本或语篇的存在便会有语境，不存在没有语境的文本或语篇。无论自觉与否，我们都是通过语境去理解文本或语篇的意义，没有语境，理解就无所依凭，也就无法把握其意义。说到底，语境要解决的问题是如何理解语言，以及理解由语言或话语组成的文本或语篇。从这个层面上说，语境理论的确是专属哲学和语言学领域。

然而，与其他学科的概念一样，有多少个哲学家、语言学家，就有多少个有关语境的定义。在此用列举的方式加以呈现，不是我的志趣所在，客观上除了增加篇幅，其实际意义也不大。我打算在此以一个外行的身份，把自己的理解用通俗的文字进行复述，然后把重心放在自己的关切上去，包括语境理论对自己的启悟及引发的其他思考，将思想上的收益与困惑一并呈现。这种处理方式的弊端是，因为是“复述”就难免有失准确，甚至也可能夹带着谬误。这有点像科普，科学被通俗化之后，自然就不那么“科学”了。

语境之所以会受到如此关注和探究，肯定是与语言在哲学上被拉高有密切关系。大体说来，西方哲学的发展经历了清晰可见的三个阶段，即本体论哲学、认识论哲学和语言哲学。也可以换一个比较准确的说法：哲学关注的对象由主客关系、意识与存在的关系转向语言与世界的关系。现阶段的语言哲学又可分为欧陆的哲学诠释学和英美的语用分析哲学。虽然两者关注点不同，方法也有别，但语言、言语、话语成为哲学的对象则是共同的。由此出发，这对有关人文社会科学的思考，也会打开另一扇窗户。

与其他的存在物相比，我们人类无论怎样优越，世界都是先于人类而存在，人只能生活在已有的世界中。而人如何认识和表达其赖以存在的世界，则是其生存的前提和根本，“‘在’只能在语言中现形”（海德格尔）。语言根源于人对世界表达的渴望，或者说，人必须借助于语言才能产生认知，认知就是“说出来”。没有词语和句子，世界就只是一堆杂乱无章的碎片，人首先需要通过语言整理这些碎片，使它变得可以理解。“我的语言的界限就是我的世界的界限。”（维特根斯坦）

维柯（Giambattista Vico，1668—1744）认为，人类之初，初民们对这个陌生世界的理解是通过“移情作用”而进行的，即将世界隐喻为自己身体的部分或身体的感受。甚至磁石吸铁这一现象，他们也将其视为磁石对铁的情欲和恩爱。在这个内化的过程中，诗性语言起到了重要作用。他甚至认为，最初的人类说的话就是一种诗歌。在最早使用语言时“人们原来是哑口无言的，他们开始发的元音（vowel）一定是用歌唱的方式发出的”①。

从这个意义上说，诗性语言是最符合人的本质的语言，人文性是人的天性。当人们用语言理解这个世界时，世界便成了文本。当人们相互借用彼此所说的话而形成自己的认知时，世界也就转换成语言的世界，对世界的认知就成了对语言组成的文本的理解，语境也随之产生。

对法学这一社会科学来讲，每一个制度、每一条规范也都是由语言表达的，对这一制度或规范的掌握与运用，都是以对这一制度“文本”或规范“文本”的语境达成的理解为前提。即是说，语境通过语言关涉文本的理解。理解即是对意义的把握，意义则是由语境提供的。

浅显地说，我们要理解文本，首先要了解文本是如何形成的，而其语境便是隐含在文本的形成过程和机制之中。按照文本理论，任何一个文本都不可能是全新的，完全的陌生化会使人无法理解。很难想象，如果一个文本的每一个字词、语句、表达、意思都是文本作者的独创，我们还能读懂它。文本都是相互关联的，具有互文性：“任何文本都是引语的拼凑，任何文本都是对另一个文本的吸收和改编。因此，文本间性的概念应该取代主体间性的概念。”（茱莉亚·克里斯蒂娃）

这个道理对我们学习人文社会科学的人来讲并不难理解。我们写一篇论文要查找许多文献资料，而且也不可避免地引用这些文献和资料；研究都是在前人研究的基础上进行的，研究的实质不是研究者“自己说”，而是“接着说”。所谓“填补空白”，既是用自己的书写填补前人的空白，另有一层真实

---

① [意]维柯：《新科学》，朱光潜译，商务印书馆1989年版，第236页。

意思是拿着别人已有的文本填补自己书写的空白。一个文本不会自己跑到另一个文本里去。任何一个文本都承载着文本作者的情感以及他的境遇，作者并不在文本之外，而是以语言的形式存在于文本之中。一个文本对另一个文本的“吸收”“改编”，说到底是文本作者主动选择的结果，即“吸收”什么，“改编”什么，都带有强烈的主观性，文本间性其实质还是文本主体间性的反映。文本之间的关联最终映现的是主体间的“对话关系”。

那么，作为读者，我们又如何能够对一个文本产生理解？“理解”不只是一个知性概念，而且也带有强烈的反思性。在日常生活中，我们会经常听到这样的问话：“你看懂了吗？”作为被问者，这的确挺难回答的。若就字面而言，“看懂了”就是认识那些字词，明白它们的基本意思。但仅仅如此，并不能构成诠释学意义上的“理解”。譬如我们观看一幅画，对大多数人来讲，一般都能明白画物是什么，诸如向日葵、苹果或香蕉之类，但作为一个外行的观画者，他未必能理解作品的意义。

也可以接着发问：理解是如何产生的？理解的机制是什么？回答这些问题，是伽达默尔（Hans-Georg Gadamer，1900—2002）诠释学的主题。伽达默尔也许揭示了“理解”的原理，诸如“前见”“效果历史”“视域融合”等理解机制，然而即便我们掌握了诠释学，也未必就能真正理解一个文本。诠释学能够揭示理解的奥秘，但不能保证我们对一个具体文本的理解。理解最终依赖的是理解力，而不是理解的原理。我们无法穷尽构成我们理解一个文本所关涉的所有因素，我们的理解主要依靠的还是文本本身。

譬如我们阅读《论语》，主要还是要读懂文中孔子和他的弟子被记录的那些话。先不说这些被记录的话是不是孔子的原话，我们更不可能知道孔子说这些话的具体情境：他说这些话的时候是带着一种什么心情？影响他心情的具体事例有哪些？那些事情是如何影响他的心情的？说这些话的时候有哪些弟子在跟前？他对跟前的每一个弟子有什么看法？而作为读者读它时，我们先前对孔子有什么样的评价？对儒家有何认知？我们自己的出身、经历、政治立场、历史知识又是如何？这些都是构成理解的因素或语境。理解是个动态的过程，影响理解的因素也会不断涌进。

对于一个文本，我们的理解大致只能止于这个文本。我们即便读懂了伽达默尔，也无法把握文本作者写下的那些句子的真实所指。在我们的阅读经验中，时常会遇到这种情形：文本的意思并不是作者的真实意向的现身，“真实”往往隐身于文本的背后，它与呈现出的意思有关系甚至表面上相似，并因为这种相似性的模棱两可，反而起到了遮蔽其真实所指的作用。有时，作者会把字面的表达设定为一个陷阱，故意引导读者向其真实所指的相反方向去理解。故意的“模棱两可”是一种表达技巧，是作者有意引导读者的阅读体验去产生自己的理解。即是说，一个文本除了它的字里行间之外，有一个地方叫“不言之言”，即它没有说的，其实那才是它最想说的部分。

随便举个例子：“心在激情澎湃处停泊便会产生静谧之美。”这句话看起来好理解，但因为我们并不了解言者说这句话时的具体情境，因而也就无法理解这话的真实所指。它所言的是一种普遍的心理状态，还是指一个具体事件？这又是一个什么样的具体事件？

作者为了引导读者能向他希望的方向理解，还时常借助于“辅助语境”，如插图。即便依凭这类辅助语境，读者也很难把握文本的真义。也就是说，文本能不能被理解仍是个问题。

诠释学的“理解”概念包含了“偏见”的合理性，即它允许“合理偏见”在理解概念中存在。而在阅读实践中，我们很难把握“偏见”的合理尺度。“合理”在这里并不是一个原则，而是一个目标。一个贴近文本的理解，和一个间离文本的理解，哪一个更为“合理”？如何处理“误读”这个问题？难道在诠释学中“误读”消失了吗？对同一个文本，如何区分两个不同读者“理解”的高下？难道“理解”远离了作者的文本意图，就没有一个正误、高下的标准？如果理解只是一个相对性的解释行为，那“理解”的意义又是什么？

这让我想起了一个小故事：美国的一个电影导演拍摄了一部电影。在这部电影里，一辆小轿车经常出现在镜头里，这显然是一个重要的场景道具。而该车的车牌号也不时地被特写。电影上映了，影评家对这个车牌号发生兴趣，于是就对它在电影文本中的象征意义、隐喻什么、暗喻什么等纷纷进行解读和评论。而导演本人看了这些影评后非常讶异，就道出了实情：“那只是因为时间仓促，没办法我只好把自己的车子拿出来进行拍摄。”

当然，从诠释学的意义上讲，这并不影响影评家把这辆车的车牌号与电影文本建立起联系，并从这一联系中发现其符号意义。这也可以归结为影评家的“偏见”，至于是否“合理”，这需要诠释学来回答。但这又很容易让我们想到中文的“望文生义”“牵强附会”这些词语的意思。事实仍然是：那只是导演本人的一部车子而已。固然说，寻找作者的“文本意图”的理解是一种乌托邦主义，然而，在我们日常的阅读经验里，对“文本意图”的追寻仍是我们阅读时的徒劳努力，也是我们评价一种理解是否确当的一个难以丢弃的标准。

无论如何理解和把握“理解”概念，理解都只能在语境里被理解。“文本意图”之所以不能成为理解的对象，那是因为文本作者的“主体语境”之于读者而言，往往是不可全知的。伽达默尔强调理解中的“前见”“效果历史”，也是从文本的“言外语境”着眼的。语境是产生理解的秘钥，是对意义始终产生影响的因素。一个词语只能放在句子中才能被理解；一句话的意义也必须被置于整个文本中，根据上下文的句段关系去把握，因为“我们在选择词语时，是以构思中我们表述的整体为出发点的，而我们所构思所创造的整体，却总是有感情色彩的；正是这个整体把自己的（实为我们的）情态辐射到我们所选的每一个词语身上，可以说是用整体的情态去感染词语”。①

同一个词语在不同的语境中可以表达不同的概念，同一个语句在不同的语境中可以表达不同的判断。一个句子要有意义就必须被置于语境之中，与整个文本建立联系。如“她的窗框上挂着一串红辣椒”，这句话如果是单纯的陈述，它在文本中就毫无意义。假如这是一句电影台词，它要有意义就必须存在于电影的语境中，即它与镜头的关系、与场景的联系、与我们观众的联系等等；当然，它与电影中的人物关系更为重要。

语境到底是什么？说实话，“要理解这个概念并不是太难”（当我写下这句话的时候，便形成了语境，因为就在写它的同时，脑海里映现的是阅读这方面书籍和资料的情形，包括在书籍上画的杠杠、做的记号，还有正在手边被使用着的读书笔记），难的是如何定义它，即有一种要说明白反而不明白的尴尬：“语境性知识是我们自命无所不知、实则一无所知的领

---

① [苏]巴赫金：《巴赫金全集第四卷：文本对话与人文》，白春仁等译，河北教育出版社1998年版，第171—172页。

域。”[①]在此，我只能借助于他人，给出这样一个表述：“语境是围绕在文本周围的建构的关联性实在，并以文本为中心动态地连续地生成。语境以网络体系的方式与文本相关却不是此文本的组成部分，它普遍性地存在着并具有必然性地赋予文本某种具体特定的意义。”[②]

对这个借用的表述还是要稍作解释。这里可以把语境比喻为文本的“光”，这种光一直存在于文本周围，时隐时现，我们对文本的读解就是要去捕捉它，并根据“光”的照射去把握文本的意义。语境并不是先在于文本而存在，而是由主体建构的，是主体得以交流认知对象的一种“前解”。这里的主体既包括作者，也包括读者以及与文本相关的出版者、发行人、书评人等等。语境“动态地连续地生成”这句话的意思是说，语境并不是预先就存在那里的，而是由主体不断地建构出来的。

在伽达默尔的诠释学看来，文本的主体都带有历史性，人都是历史的人，即都是带着他的“过去”而现身的。作为文本的作者，他的过去、他的人生经历以及他已有的人生体验，都构成了他创造的“前见”，他的酸甜苦辣都会浸着文本的味道，他的苦楚也会在文本的背后渍渍流泪。作为读者，我们都带着我们已有的经验展开阅读，并跟随阅读调动起我们所有的储备，包括知性上的、情感上的，这便构成了读者的“前解”。读者因为随身携带的经验恰好与作者的“前见”相遇、交锋，彼此便形成“视域融合”。主体的历史并不是死寂的，它随时间、空间、场景的转换而不断地被调度，“视域”也随

① [英]伊姆雷·拉卡托斯：《证明与反驳》，康宏奎译，上海译文出版社1987年版，第50页。译文略有调整。

② 徐杰：《文学语境研究》，浙江大学博士学位论文，2012年，第33页。

着产生新的“融合”，语境也就“动态地连续地生成”。

我们时常说“这本书已读了几遍，每读一遍就有不同的收获”。这种对文本意义的不断发现和获取就是语境动态地连续生成的结果。也可以这样说，理解是一种实践行为，是将言语行为或文本道说的东西同化为自己的一部分，在不断的同化中，理解在发生，视域在增长，表面沉寂清净，内在却是波澜壮阔。与文本相遇就是与自己相遇，“视域融合”其实也就是与自己的晤谈与私语，理解就是说服了自己，然后击节叫好，或是仰天长叹。

语境是一种实在，而不是实体，即是说，它存在着，但又是看不见摸不着的。这有点类似于防盗的红外线，我们仅凭肉眼是看不见的，若借用适当的仪器就会发现它在防盗物周围呈网格状分布着。当然，语境借助于“仪器”也不能被看见，只能被主体自觉地感知到。弗雷格（Gottlob Frege，1848—1925）曾用“地轴”“赤道”概念的类比解释语境的性质：

> 我把我所称的客观的东西与可触摸的东西、空间的东西或现实的东西区别开。地轴是客观的，同样太阳系的质心也是客观的，但是我不想把它们像地球自身那样称为现实的。我们常常把赤道叫做一条想象的线；但如果把它叫做一条臆想的线就错了；它不是思维生成物，不是一种心理过程的产物，而仅仅是通过思维被认识到，被把握的。[①]

---

① 转引自徐杰：《文学语境研究》，浙江大学博士学位论文，2012年，第33页。

语境就是我们遭遇文本时能够通过思维认识到、把握到的东西。

以上拉拉杂杂了这么多，不知是否回答了你的问题。有一点还需说道：回答这个问题的过程也是我本人不断思考、不断修正的过程，包括对使用的语句、字词、句段顺序都是边写边修改，这样的文本实践也是语境动态性的表现。

在回答你下面的问题之前，我想在此占用一点篇幅，谈谈日常生活中的话语交往的语境问题。这个问题之所以值得谈，是因为我们的日常言谈不会作为一个问题轻易走进法学研究者的视域。而“日常言谈”又是我们每一个人都会遭遇到的，它是我们日常生活世界的重要部分。

随着移动互联网的勃兴，人与人之间的话语交往方式也发生了重大改变。传统的面对面的会话交流逐渐被手机的“聊天”所取代，其意义也随着语境的变化而被重置。“手机聊天”不是“传统”意义上的打电话、发短信，而主要是通过手机QQ、微信进行的。微信又分为“群聊”“私聊”“语音”“视频”等方式。一个话语主体可能有几个“话语群”，既可以在一个“群”，也可以同时在几个“群”展开会话，又能一对一通过“私信”聊天的同时加入“群聊”。传统的面对面的闲谈往往是在熟悉的朋友之间进行，彼此对对方的脾性、爱好、经历、境遇等历史都了解，而且交谈也会辅助以眼神、表情、动作等肢体语言，有了这种特定的“言伴语境”，彼此理解和把握对方的言语意义并不是一件困难的事情。

而手机“聊天”既可能发生在熟悉的朋友之间（通常都是一对一的私信形式），也可能在不太熟悉的人之间，通常都是通过加入某个微信群而采取“群聊”的方式。因为移动互联网的普及，无论是熟人还是生人，见了面互加微信似乎已经取代递名片，成为一种主要的寒暄方式，有时是递名片与互加微信同时进行。通常是先由一方提出加入微信请求，另一方碍于情面，或是出于礼貌或是欣欣然地接受。这样，两人之间就成了“熟人”，有事无事地便可以聊天了。微信群也是如此，首先有一个热心的发起人，然后无论被邀请人情愿与否，他就生拉硬拽地把他认识的人一个个拖进去，而进去的人又以同样的方式对待自己认识的人，这样就形成了一个杂乱的“陌生的熟悉人”之间的会话群体。

传统的会话是在固定的物理空间中进行的，因为语境相对可控，所以彼此的话语意义也比较确定，容易理解和把握。而借助移动互联网的交际则不同，它是在一个虚拟的空间中进行的，人与人的交流实际上是人对着传播工具说话，文字也是写给机器的。这也不同于传统的书信交流，“鸿雁传书”所要达到的交际效果是“文如其人”“见字如晤”，说明文字本身与主体之间的相似性和亲近感。而微信交际的文字则整齐划一，唯一的不同是手机品牌和式样的区别。交际空间是虚拟的，语境是开放的，其交际的言语文字也必然带有一定的虚拟性。

一个大家熟知的现象是，中文传统书写规则下的错别字，在移动互联网的会话交际中，则成了流行的用语，如“姿势”（知识）、“木有”（没有）、“麻麻”（妈妈）等等。同时，移动互联网的话语交际也能创造出新的词汇，而新词语在交际中能否被认可，主要取决于交际的范围和广度，与这个词语自身价值并无关系，如“狗带”“一颗赛艇”“绿茶”等等。因其交际语境的开放性、无边界化，要确定和理解这些词汇，仅凭“言内语境”是不够的，还要依赖其“始源语境”。

交际空间、交际语言的虚拟性也会影响交际主体自身。面对面的交流是看着对方的脸说话，对方的眼神和脸色会影响或终止谈话。传统的书信交流虽然没有这种效果，但年长一点的人都有到收发室等信的记忆，“等待”也是一种交流。在等信的日子里，等信人会想象寄信人的现实境遇，回忆起与其相处的时光，这种情景叫作思念。读到来信，就是解思念之苦。书信的交流主体会产生彼此想象。而手机微信的言语交流的一个最大特点是迅捷，一行字发过去，几秒钟之后另一行字就能发过来，这种交流就是忙着打字，无暇想象对方，与对方交流就是手机与手机的对话，主体也被虚拟了。

这种交流不可能像书信那样一次完成，而是通过句子不间断地堆积，以达到交际的目的。由此所形成的语篇，也就具有碎片化、散逸性的特点。话题不停转换，语境连续生成，这又要求交际主体对交际的内容短时间内做出反应，去捕捉、厘定会话的意义。面对面的交流允许对方一定时间内的沉默、走神，通常不会因此导致会话结束；书信交际的收信人也会反复阅读、品味接到的信件；而微信聊天却不允许这样，交际主体没有时间和耐心一直盯着手机，长时间的沉默会终止会话。正是这种交际的特性存在，聪明的运营商在提供虚拟的交际空间的同时，又创造了众多的“表情符号”作为会话交际的“辅助语境”。“表情符号”因此也为交际主体的发话人、受话人共同接受和使用，并对会话语篇的意义发挥着独特作用。

表情符号有时是会话的附加部分，有时也独立存在，它既是会话的“辅助语境”，也能生成新的语境。作为会话的附加部分，表情符号既能加强和扩展会话的意义，也能使之产生歪曲，起到间离作用。这有点类似于德里达（Jacques Derrida，1930—2004）所讲的“情景语境”和“无边的语境”。所谓“情景语境”指的是会话交际主体在会话交际中的“现场因素”，即现场性，如交际主体此时的交流欲望、动机、心情以及影响此时心情的现实境遇等等。这种“现场性”会随着时间而消失，然而即使这种交际的文字符号的生产过程消失了，即交际主体在写下那些话的那个瞬间时刻欲要说的是什么无法把握了，但是，文字符号却能从生产它的情景现场中抽身出来，被反复阅读。

在这里，表情符号作为符号的符号，比语言符号更具优越性。语言被剥脱了“情景语境”，就只是一种僵硬的符号，无法还原、呈现会话人“那时刻”的主观“现场”，如心境、情绪、意图等等。而临场的“笑”“哭”的表情作为图形符号留在那里，把那时刻的主体交际的“现场”定格、凝固，即通过嵌入、附着的方式加入会话之中，对易逝的“现场性”产生固化作用。当会话人转回头去，重温那时的聊天记录，这些留在那里的带有情绪的图形符号，会引领他返回已不在的“现场”。

表情符号的设计者在设计那些符号时，就已经规定了它的规范意义，而会话的符号使用者也当遵守这一约定。如果符号在使用中意义一直处于飘忽不定的状态，那就会影响会话的进行，符号的误置会导致会话主体之间的不快，甚至误解。在有的情形下，符号也能根据会话语境的变化从原有的意义中抽身，生成新的意义。下面就以“微笑”表情符号为例，做一简单的释说。

微信聊天最常用的一个表情符号是“微笑”。它在会话中通常是作为“辅助语境”使用的，表征着会话内容以及主体间的会话态度的“平常性”、一种不喜不悲的情绪，一般用于陈述性的会话当中：“今天下午到图书馆借书，我碰见了多年不见的李思，她还是原来那个样子。”“哦，在我印象里她就是一个会保养的人。[微笑]”若把会话的内容稍作改变，如“今天下午到图书馆借书，我碰见了多年不见的李思，聊了一会，都感到很高兴”，这个一般性的陈述就粘连了言说主体的某种情绪，而强调这种情绪的表情符号也可随着更换。不同的符号可以标示出不同的“情景语境”。“微笑”符号也能表明会话的寒暄性质（如，“最近好吗？”“挺好的。[微笑]”），通常是熟人间会话的开始方式，也能用于不愉快的对话被克服之后的重新开始（如，“现在好一点了吗？[微笑]”“好多了。[微笑]”）。

在会话使用中，表情符号的规范意义也会被会话者故意歪曲，用以表明言者的言语所具有的言外之意，而受话人能否理解发话人的意向，则需要他根据上下句段的语境去判断。按照美国哲学家格莱斯（Herbert Grice,1913—1988）的会话含义理论，会话都是把意义与意向结合起来而进行的。会话交流就是以听话者识别说话者的意向这一方式进行的。所谓“言外之意”即是为了在话语交流过程中达到某种目的而故意对合作原则（cooperative principle）的违反。从语言的实际使用中可以看出，说话者的表述意义是以各种各样的方式，如暗示、暗讽、反语、隐喻等与实际要说的意义分离着。表情符号则以简单、模糊、隐蔽的方式在会话中起着这种作用。

仍以“微笑”符号为例：“今天我在微信圈里做了一道测试题，得了89分，系统给出的评语是研究生水平。”“嗯。我也做了一下，得了96分。[微笑]”在这个对话中，若没用表情符号，那就只是个陈述性的语句，受话人的言语言明的是一个事实，虽然这个事实比发话人的优越，但并没有违反交际的合作原则，即便受话人表示出了自己的这种优越。然而，由于表情符号的加入，会话性质则发生了变化，受话人对发话人的话语意图表现的不是顺从，而是以不露声色的嘲讽方式对发话人的意向激烈地拒斥。

话语实践证明，会话中的表情符号“误置”会引起会话人的不快和误解，甚至断绝会话。这种情形还有很多。“偷笑”不宜在年纪较大的人对年纪小的人身上使用；“色”带有轻浮意味，在异性之间最好避免，除非是推心置腹的朋友；“玫瑰”也不宜轻易送人，特别是长辈对异性晚辈；“拥抱”在不熟密的异性主体间会引起不必要的误解，除非一方需求这种误解。

也可以这样说，文本或语篇是一张网，理解者寻找的则是蜘蛛。

如果把语境从日常交际会话中拉将出来，置放于文化历史之中，我们是否可以把近现代以来中西文明的对撞，看成是两种语境的对撞？在语境的对撞与冲突中，不同语境里的人之间就会产生一些误解。整个中国近现代学术思想，可能都被语境对撞所纠缠着，比如中国人对立宪、自由等概念的理解，就始终与西方人有所不同。您如何看待这一现象？

按照萨丕尔（Edward Sapir，1884—1939）的观点，“语言有一个底座”，也就是种族和文化。语言是无法“脱离社会流传下来的、决定我们生活面貌的风俗和信仰的总体”而存在。[①]即便我们对自然界的认知也无法避免语言的文化语境，

① [美]爱德华·萨丕尔：《语言论》，陆卓元译，商务印书馆1985年版，第186页。

而在人类自身的文化历史中，语言与文化的民族性自始至终都以一种辩证的方式存在着。语言是在文化语境中存在和被使用的，文化研究本质上就是语境研究。

从这个意义上说，近代中国与西方遭遇就是两种语言、两种文化语境的碰撞。中国只有被置于西方自身的文化语境里才能被西方理解；西方必须把中国从其表征的民族精神的汉语方块字中剥离出来，拉入自己的字母文字中，才能把握中国；中国在其自身的语言、文化中的意义也就在西方的语言和文化中被重置和再生，西方的“中国”必然染有西方的色彩。

同理，近代中国学习西方的过程，也是把西方的字母文字所组织的语言文化从原有的语境中拖出来，重置于中国的文化社会语境中。“学习”就是语境的转换与生成。一个成功经验总是离不开主体的历史性，包括精神、心理、情感和经历，而学习就是把经验中那些无法复制的东西剔除，把剩下有关“教诲”的部分植入另一个过程之中，在新的语境下变成自己的东西。

在中国宪制史上，有关“立宪”“自由”这类概念或词语大都如此，也多是从西语迻译而来。英文中的“constitutionalism”，在中文里被译为“立宪”“宪制”。这样一来，“constitutionalism”与汉字“立宪”“宪制”就人为地建立起某种对等关系。“constitutionalism”与“constitution”密切相关，后者在中文里被译成“宪法”。“constitution”无论在英国历史文化中具有何种意义，它一旦进入中国语言文化语境，就无法割断与汉字“宪”（憲）的联系：“悬法示人曰宪（憲），从害省，从心从目，观于法象，使人晓然知不善之害，接于目怵于心，凛乎不可犯也。”（《康熙字典》）

在汉语语言中，有关“宪”的话还有很多：“先王之书，所以出国家、布施百姓者，宪也……是故古之圣王，发宪出令，设以为赏罚以劝贤沮暴。”（《墨子·非命上》）“君乃出令，布宪于国。五乡之师，五属大夫，皆受宪于太史……首宪既布，然后可以行宪。”（《管子·立政》）；“作宪垂法，为无穷之规。”（《汉书·萧望之传》）孔颖达在《尚书正义》中对“宪”也有类似的解释：“宪，法也，言圣王法天以立教于下。”引证这些文献为了说明一点，“constitution”进入汉语文化语境之后，无论作为译体语的汉语文字如何努力保持住它在英语中的原意，都无法剔除汉字“宪”附加在它上面的意义。从这个层面上讲，“constitution”与“宪法”并不是等同关系，而是再生关系。

与此相联系，“constitutionalism”与中文“立宪”的不同也就是语境的差异。前者在英国的历史文化语境中，是以“constitution”为基点，经过历史的政治变迁所形成的一种政制。它既深嵌于英国的政治文化之中，又是不同历史时期各种政治社会因素碰撞、妥协、混融而演进的结果。它既源于英国传统又异于传统，是一种带限权性质的现代性政治类型。而一旦把“constitutionalism”转换成“立宪”二字，它就脱离了原有的语境，被重置于中国语言文化之内，与中国政治、社会的某种欲求发生粘连，具有“改革”“改制”“革命”“新生”的“中国意义”，蕴含着中国成为一个现代国家的希望、目标和理想。[①]

近世以来汉语世界流行的“自由”也是从西语的翻译

① 参见[英]戴雪《英宪精义》，雷炳南译，中国法制出版社2001年版，以及拙著《法的中国性》“宪法概念的起源及其流变”，广西师范大学出版社2014年版。

而来。在英语中有两个不同的语词被汉语的“自由”一词分享着：一个是“freedom”,一个是“liberty”。为什么英文的两个不同概念在汉文里用同一个语词表达？从根本上说，就是两种语言文化的语境差异所致。在中国语言文化里，并不存在“freedom”与“liberty”相区分的那种东西。反过来讲也一样，在英语中也不存在“霸王”与“英雄”的差异，“妾”与“妻”的不同。从根本上说，汉语的“自由”就是对“freedom”和“liberty”两者意义的共同消减。

在英语文化语境里，“freedom”意指的是人在根基处存在的一种东西。在多数情况下，它是指在心灵层面通过自我省思和追求所达到的一种状态，可以用中文的“自由”“解脱”“免除”等语词进行界定，多用于跟宗教有关的方面。中国影迷知道一部电影叫《勇敢的心》[①]。在这部影片里，有一个情节是男主角华莱士在受刑过程中宁死不屈，最后用尽所有气力喊出了“Freedom！”这个口号，使片中的这个人物在宗教的意义上得以升华，也因此打动了无数的中外观众。而“liberty”意指的是在客观行为方面，跟中文里的“正当”“可为”的意义相关，中文习惯于用“自由”“许可”“解放”等语词加以表达，是指行为处在一种不被束缚的状态，其负面的意思是“放肆”。日本人在翻译这两个英语概念时，注意到了它与日语文化之间的语境差异，将其分别译为“自由”和“民权”。[②]

事实上，近世以来“自由”一词能在汉语世界成为一个

① 美国影片，梅尔·吉布森执导，梅尔·吉布森、苏菲·玛索主演，1995年上映。

② 有关这一问题的详细讨论，可参见拙著《法的中国性》“民权词义考”，广西师范大学出版社2014年版。

流播广远的关键语词，与严复是分不开的，它得之于严复对约翰·密尔（John Mill，或译约翰·穆勒，1806—1873）《On Liberty》（现通译为《论自由》）一书的阅读和翻译。《On Liberty》作为一个英语文本，是作者与英国社会历史交互作用的结果，其意义自然存在于英国的语言文化语境之中。

英国是自由主义的故乡，《On Liberty》能成为自由主义的代表性作品，既与这一思想的传统有关（这也可以解释为什么书中能见到功利主义的影子），也与作者写作的那个时代密不可分。文本的成功首先取决于作者清楚地知道时代需要什么：一个受到束缚的个人既不合乎资本主义的人性要求，也与一个急剧扩张有着庞大海外殖民体系的帝国不符。而且，作者本人也有长期在海外殖民地印度的东印度公司履职的经验。依据于此，作者在写作中便可清楚地预设他的读者对象和文本意向。作者在《On Liberty》和《Representative Government》（现通译为《代议制政府》）中曾公开表明，书中的观点并不适用于印度，因为印度人即使不在种族上，也在文明程度上低英国人一等。

而作为翻译者的严复对这个英语文本的“情景语境”既可能了解，也可能不了解，这都不是最重要的。重要的是，作为中国人的严复需要这个文本，他认为他的祖国也需要这个文本。而这里的重要差别，是写作和翻译之间存在情景语境的不同。

对于曾在英国留学的严复，我们能够想象他穿着长衫留着长辫子走在伦敦街头引来围观的心理感受，也能够想象他坐在英国的法庭目睹英国人如何审理案件的情景。他在那个曾是中国敌人的国家学习，想必也会痛楚地领悟到英国为什么能轻而易举地打败中国。他可以不顾作者对印度不友善的警告，也不愿意把中国与印度放在一起来思考。他明白一点，他和他的人民应该听到作者这种声音，读懂这样的文本。可他又知道，中国文化里并没有作者所说的“liberty”这种东西。而作为译者他又必须在汉语文化中找到与此类似的替代物。他陷入了一个异国的思考者和翻译人的艰难境地。他被“liberty”卡住了。

关键的时候，还是中国的诗人给了他灵感：“破额山前碧玉流，骚人遥驻木兰舟。春风无限潇湘意，欲采蘋花不自由。”（柳宗元：《酬曹侍御过象县见寄》）“自由”一词便由此得来。同时，他也没有把这个文本的名称直译为“论自由”之类，而是用了一个既合中国文化语境，又能传达原作意图的书名《群己权界论》。他又颇具意味地将“自由”改写为生僻的“自繇”二字。他为此解释说，“由”“繇”二字虽古字相通，但自由之义易流于虚空，而繇字非虚乃实，写为自繇，正可略示区别。对“由”与“繇”的踟蹰，恰恰说明了根植于英语文化的“liberty”被汉语语境化过程中所遭遇的问题。

译者与作者横跨的不止语言文化的鸿沟，更是两个国家所处地位的不同。对作者来讲，《On Liberty》（《论自由》）是对世界上一个最强大繁荣的国家的成功现实所做的辩护和论证；对于译者而言，《群己权界论》则是为自己贫弱落后的国家寻找出路。作者踌躇满志，译者悲愤满怀，也就自然而然了。文本的作者情景语境会随作者的离去而消失，可作者写下的那些文字和句子，则能作为一种“真理性”符号，从生产它的情景现场中抽身出来“被反复阅读”，而且也能通过“翻译”这种再语境化的工作，转嫁到译体语的“语链之上”，这既是中国翻译家严复的工作，也是他的贡献。

严复的翻译，不仅对文本作者的“情景语境”进行了翻译者的再语境化，而且对文本的“真理性”内容也实现了语境的重置。译者感兴趣的，未必就是作者的文本意图。而作为一个中国的翻译家，严复的工作性质是将隐匿在文本中的“原理”进行“改编”，以满足自己以及自己国家的需求。严复知道他和他的国家需要什么，正如密尔明白他的国家需要什么一样。文本语境变了，意义也就被改写了。

作者文本有一个观点是反复强调“少数人的自由不得受到侵害”，它虽然受到译者的高度赞许，但赞许的因由却被译者替换了。在译者的语境里，少数人的自由之所以不得受到侵害，不是因为少数人在本体意义上的个体价值——这一点恰恰是作者的文本主要意图，而是因为译者让它与自己所关注的“民”发生关联，将其看作他提倡的“新民德”的一个选项。

作者文本里有一章的标题是“论个性为人类幸福的因素之一”，在译者的文本里则变成了“释行己自繇明特操为民德之本”。文本的作者写到，“只有通过对这些生动的和有能力的个人冲动的培养，社会才算既尽其义务又保其利益”，文本的译者则将其处理为，“有国家者，必知扶植如是之秀民，而后为尽其天职，而种之名贵，其国之强盛，视之，盖圣智豪杰，必出于此曹”。作者的文本说，“在不影响他人利益的事情上，只因为他人不高兴而受到束缚，这便不能发展任何有价值的东西”，译者的译本则说，“独至行己自繇之屈，非以有损他人之权利也，而以或触其人之忌讳，则于民德无所进也”。在脚注中，严复概述这几句所在段落的全部内容为“民少特操，其国必衰。”[①]“人”向“民”的易替，也是《On

① [美] 本杰明·史华兹：《寻求富强：严复与西方》，叶凤美译，江苏人民出版社1990年版，第131—132页。

Liberty》的文本意义，通过严复的汉语处理，在异域的中国得以再生。

像上述这种情形，在近世以来的中国法政文化里也比较普遍，譬如“法院”“司法”这类语词。“法院”是英语“court”或“court of justice”的中文译词。“court”带有专业化、职业化特征，专门从事这个职业的人在中文里被称作“法官”。在中国传统历史文化中并不存在类似机构，也没有专门的“法官”。而且在中国传统典籍里并没有“法院”二字，这与“民主”“自由”之类的传统语词形成对照。“法院”一词在近代被发明出来，是由“法”和“院”两个汉字拼合而成，可能来自于近代日本人的日文翻译。[①]当英语的“court”被固定为“法院”时，“court”也就从英语中抽身出来进入汉语语链，在汉语语境下被赋予新的意义。

对一个用汉语进行思考的中国人来讲，在“法院”这个词语里，无论如何都无法完全除却“院”字所承载的应有之义：有“院”就有“院长”，如医院院长、学院院长、法院院长等。而“院长”在中文语境下，则带有强烈的行政化色彩，而不是一个职业化、专业化的称谓。英语“Supreme Court of the United States”在中文里，被翻译为“美国联邦最高法院”。所以，在课堂上经常有学生会提出美国联邦最高法院的院长是谁这样的问题。而事实上，美国的“court”本身就是在异于行政部门这样的语境下存在的，是一个纯粹的专业性机构。在联

① 有关中文外来词与日文外来词翻译中的关系问题，可参见高名凯、刘正埮《现代汉语外来词研究》，文字改革出版社1958年版；诺沃特娜《外来词语对现代汉语词汇体系低适应性的语言学因素》；[德] 朗宓榭、阿梅龙、顾有信《新词语新概念：西学译介与晚清汉语词汇之变迁》，赵兴胜等译，郭大松审校，山东画报出版社2012年版。

邦最高法院，一个最重要的角色是“Chief Justice of the United States”，中文被翻译为“首席大法官”，而不能翻译成“院长”。这好比一个西洋乐团，里边那个小提琴拉得最好的人，被称作“首席小提琴手”，若把他叫作“小提琴长”，其性质就不同了。前者意指的是他的专业水准，后者还包含着他的行政职责和能力。

称谓的不同最终指向的是观念的差异。与此对应的是“court” 的主体“Judge”或“Justice”，这两个词语分别包含了价值的预设，如公正、正义，也带有描述性的特征，如评判、审理等。在汉语里这两个词都用“法官”来指称，而“官”在我们的语言文化语境里，绝不是一个专业化、职业化的身份概念，而是与普通民众相对应的一种公共身份，具有明显的行政属性。简单地说，“法官”这个词语无法排除对“官”的想象。我一个同学在最高法院工作，是个普通法官，没有任何行政职务。他每一次回老家，乡亲们都要托他办事，而且说在“最高法院”当法官，那可是个大官。他一再解释“法官不是官”，而乡亲们总是会笑笑说，“不帮忙就算了，不用找这样的理由”。他对此很无奈。这里面的确有体制性的原因，但民众很难脱离自己的文化历史语境思考和看待问题，也是事实。

在英美的法政制度中，有一个重要概念是“Judicial（Judicature、Judiciary）”或“Administration of Justice”，中文统一地将其翻译为“司法”。从英语的词形就能看出，这个词与“Judge”（“法官”）有内在的关联性。即是说，它的核心语义是有关“Judge”的，即与法官如何处理案件相关的一种制度设定，也暗含着它与立法、行政机构的关系。“Judicial”意味着与立法、行政机构的分离，权力分立是“Judicial”存在的基本语境，没有“权力分立”就没有“Judicial”。中文的“司法”一词虽然保持住了它的基本语义，但是它存在的语境则无法翻译。

近世以来，有关法政制度方面的中西语言文化交往呈现的是单向度特征。西方的语言文化携带着它强劲的力量进入中国汉语文化当中：一方面，它必须穿透本源语与译体语之间的隔膜，进入作为译体语的汉语文化语境；另一方面，它又必须接受汉语语言的甄别、筛选、增减、改编，在新语境下被赋予新的面孔和新的意义。这是一个复杂的机制和过程，可以用萨义德的“四阶段说”来解释：

> 首先，有一个起点，或类似起点的一个发轫环境，使观念得以生发或进入话语。第二，有一段得以穿行的距离，一个穿越各种文本压力的通道，使观念从前面的时空点移向后面的时空点，重新凸显出来。第三，有一些条件，不妨称之为接纳条件或作为接纳所不可避免之一部分的抵制条件。正是这些条件才使被移植的理论或观念无论显得多么不一样，也能得到引进或容忍。第四，完全（或部分）地被容纳（或吸收）的观念因其在新时空中的新位置和新用法而受到一定程度的改造。[①]

这也可以解释由“liberty”到“自由”、由《On Liberty》到《群己权界论》的过程和机制。要强调的一点是，近世以来，中国与西方在法政领域主要是中国向西方学习，呈现的是

① [美] 爱德华·赛义德：《赛义德自选集》，谢少波等译，中国社会科学出版社1999年版，第138—139页。

一种单向度的特性。中国从西方习得的那些概念、语汇（包括思想和理论）经过不断地语境化，最终变成了汉语文化中的新主人，而这个迁居而来的新主人再也无法以它的本身返回它的出生之地，正如“court”不可能带着“法院”的中国印记返回到英美一样。从这个意义上讲，所谓中西语境的对撞，主要指的是中国的“被撞击”。

如此说来，上世纪90年代亨廷顿提出的“文明冲突论”，是否也可以算作一种对“语境对撞”问题的阐发？

由以上问题联想到塞缪尔·亨廷顿（Samuel Huntington，1927—2008）的“文明冲突论”也是自然而然的。但是，要仔细深究起来，这个问题又有些复杂。这主要有两方面因素：一是“文明冲突论”所具有的争议性；二是这个理论自身所具有的多面性，并不能将其单纯归结为“语境对撞”，“泛语境化”的处理并不是个好做法。所以，这里还得多花一点笔墨。

亨廷顿于1993年在美国《外交事务》杂志上发表了《文明冲突？》这篇两万多字的文章。文章一出，在世界范围内旋即引起巨大争议，华人学者也加入其中，而且多是持否定态度。时隔三年之后，他又出版了《文明的冲突与世界秩序的重建》一书，对此做了更为系统的论述，也包括对争议的答复。

结合作者这两个文本，这里着重谈一下其中关涉的一些基本问题：什么是文明冲突？冲突是一种客观可能性，还是作者的主观认知（愿望）？冲突发生的逻辑（机制）是什么？这里面又关涉国家的政治权力与利益、文化认同、普世文明与多元文化、全球化与部落主义、冲突理论的学理层面的意义与政策层面的意义等等。在这里，不能把文明冲突看作是一个纯粹的文本间的关系；有关语境问题应该在这些不同层面的里边。

现在的世界分布有许多国家，我们也习惯于对国家进行归类，最常见的就是“西方国家”和“非西方国家”这种划分。即便如此，我们对这种分类的具体标准并不清晰。而亨廷顿的“文明”概念容易使我们产生这类联想，日常生活中我们也愿意——至少不拒绝——运用它来观察和想象。然而，一旦认真起来，我们又会觉得“文明”概念本身就是个问题，更不用说拿“文明”去解释“冲突”了。

亨廷顿的“文明”概念基本上与“文化”概念同义，两者可以交互使用，“文明冲突”也可以理解为“文化冲突”：

> 文明是人类最高的文化归类，人类文化认同的最广范围，人类以此与其他物种相区别。文明既根据一些共同的客观因素来界定，如语言、历史、宗教、习俗、体制，也根据人们主观的自我认同来界定。……他所属的文明是他与之强烈认同的最大的认同范围。文明是最大的“我们”，在其中我们在文化上感到安适，因为它使我们区别于所有在它之外的“各种他们”。①

在德国思想传统里，文明和文化两个概念是被严格区分使用的。德国著名学者埃利亚斯（Norbert Elias，1897—1990）曾著有两卷本的《文明的进程：文明的社会起源和心理起源的

---

① [美] 塞缪尔·亨廷顿：《文明的冲突与世界秩序的重建》，周琪等译，新华出版社1998年版，第26—27页。

研究》这样的专题著作。书中他用了很大篇幅阐释文明和文化这两个概念。在他看来，文明是英国和法国的概念，既可用于政治和经济，也可用于宗教、技术、道德和社会现实，而在德国，文明指的是那些有用的、仅具有次等价值的东西，文化（即思想、艺术、宗教）则具有更高的价值。如果说英国和法国是用更强调普世性、因而更有殖民和扩张倾向的文明概念，来集中表现自身对西方乃至人类进步所起作用的骄傲感，那么作为后进民族的德国，则是用更强调民族差异性、因而更带有防卫色彩的文化概念，来凸显本民族的独特性和成就，进而形成民族的自我意识。①

德国学者哈拉尔德·米勒（Harald Müller，1949— ）也持类似的看法。他认为，在英语和法语中，“文明”是指在一定历史阶段用以克服生存问题的社会工具的总和，涵盖广泛的社会实践，既包括政治和经济实践，也包括宗教、价值体系和美学。而在德语中，这样的“文明”概念从未真正本土化，取而代之的是由受到良好教育的市民阶层形成的“文化”概念，即宗教、价值体系和美学。米勒认为英国和法国的思路更为宽泛，因为包含了工具性的层面，中性色彩要更多一些，比德国局限于价值的思路更具有说服力，而亨廷顿（强调认同）的思路无疑是一种退化，所以“大吃一惊”：

> ……亨廷顿《文明的冲突》英文原版中，“文明”（Civilization）这个概念所涵盖的内容与德语传统中“文

① [德] 诺贝特·埃利亚斯：《文明的进程——文明的社会起源和心理起源的研究》（第一卷），王佩莉译，生活·读书·新知三联书店1998年版，第63页。

> 化”（Kultur）一词的意义相同，不禁令人大吃一惊。他对“文明”的理解仅仅局限于价值体系，同时还把宗教作为举足轻重的划分标准，在这种有局限性的利用中其实隐藏着一个“秘诀”，它使我们相信他的理论与现实世界有这么多的相似点和适应性，而对于亚洲、日本和西方之间的所有共同之处都被悄悄忽视了……①

正如米勒所言，亨廷顿特别重视宗教在文明类型划分中的作用。用此来区分基督教（西方）文明与伊斯兰教文明没有多大问题，但由此又筛选出一个“儒教（儒家）文明”显然并不恰切，总有一种为了突出中国在冲突中的重要角色而临时凑数的感觉。亨廷顿应该知道，中国人并没有类似于西方或伊斯兰意义上的宗教观念，汉语的“宗教”二字也不能与英语的“religion”一词当然地划等号。

“宗教”作为一个汉语词汇在中国历史上出现较晚，大约是公元10世纪的事。看看《说文解字》就知道，那与基督教意义上的“宗教”是两回事。②“儒教”（儒家）更不是西方意义上的宗教，充其量也只能算作一种“学说”。而且，用“儒家文明”来称呼今天的“中（华）国文明”更成问题。事实上，儒家伦理在中国最后一个王朝倒下去之后，它就已经崩解了，后经“五四”新文化运动等重大事件，“儒家”早就被“拆”掉了。所谓“儒家伦理”在今天的中国，除了“新

---

① [德] 哈拉尔德·米勒：《文明的共存：对塞缪尔·亨廷顿“文明冲突论”的批判》，郦红、那滨译，新华出版社2002年版，第34页。

② 《说文解字》：“宗者，尊祖庙也，以宀从示。”“示者，天垂象，见吉凶，所以示人也。从二。三垂，日月星也。观乎天文，以察时变。示，神事也。”

儒学”以及某些学者的研究与倡导之外，中国人的生活还有几处依赖的是“儒家伦理”？在“80后”“90后”的中国青年身上，还能找到几处“儒家伦理”的痕迹？也许世界上确实存在一个亨廷顿意义上的“中华文明”，但这个文明并不是宗教意义上的，也不是儒家伦理意义上的，而是一个用汉语书写、思考并拥有自己的艺术作品和审美以及不同政制的文明体。

那么，文明冲突的逻辑是什么呢？略去那些学术上的套话，亨廷顿的“文明冲突”的确主要是冲着中国来的，当然也捎带了伊斯兰世界。上世纪90年代随着“冷战”的结束，世界似乎又重新回到了美国和西方一统天下的格局。然而与此同时，中国这个国家并没有随着社会主义阵营的解体而发生意识形态上的改变。中国不但坚守了它的社会主义国家的性质，而且随着改革开放的进程，它的力量意外地得到大幅度提升，在世界的棋局上成了一颗不能小瞧的棋子。这无疑使得具有悲观主义气质的亨廷顿感受到一些不祥之兆，产生了某种担忧。这一点，他自己在文字中也讲得很直白。那些话出自一个美国学者之口是好理解的。把话说白了，还是因为中国这个国家的性质使他不放心，而思考为什么中国会成为这样一个国家，也很容易联想到中国“独特”的历史文化和传统。那是否因为这种差异，就意味着中国会主动找上门去，向美国和西方国家伸出拳头？亨廷顿认为，现在不会，但不等于说将来也不会，潜在的冲突是存在的。

具体地说，他的冲突逻辑是这样的：在现在的世界格局中，基督教的西方文明仍处于优势地位。西方人以及西方的商品和价值观念，跟随全球化的脚步向其他文明体的国家和人民流动，这有利于不同文明之间人民的相互熟悉、相互理解。非西方文明的人民在喜欢西方商品的同时，也会受到西方价值和文化的影响，诸如消费观念、大众文化、好莱坞电影等等。即便如此，非西方文明下的人民并不会产生对西方文明的认同。相反，像中国这样的非西方国家，随着在全球化过程中权力、地位的上升，是很容易把取得的成就与自己的传统联系起来，并强化对自己文化的认同。“在一个日益全球化的世界里（其特征是历史上从未有过的文明的、社会的和其他模式的相互依赖以及由此而产生的对这些模式的广泛意识），文明的、社会的和种族的自我意识加剧了”①。这也可以被看作是全球化中的部落主义，或是全球化的地方化。

很显然，亨廷顿的冲突逻辑是以承认文明之间相遇、接触、碰撞为前提的。他也承认国际上存在着国家间的权力、利益冲突，但他认为利益、权力的冲突是其结果，其根源却在文明/文化的差异。他特别强调不能把价值和利益分开：“人们并不只靠理性活着。只有在界定了自我之后，他们在追求自身利益时才能理性地筹划和行动。利益政治以认同为先决条件。”②即是说，“利益”并不是先在的，只有当人们认为它是利益的时候，它才存在。价值与利益相互交织，不能截然分开。

事实上，人既是理性动物，也是非理性动物。那种把人从生动的日常生活世界里抽象出来作为一个纯粹的理性主体来对待的国际政治学，比亨廷顿离事实更远，而不是更近。如果人果真是理性的并依靠理性而生活，那么人就不会有那么多的烦恼，世界上也不会有那么多莫名其妙的战争和杀戮。人都会感

---

① [美] 塞缪尔·亨廷顿：《文明的冲突与世界秩序的重建》，周琪等译，新华出版社1998年版，第58页。

② [美] 塞缪尔·亨廷顿：《文明的冲突与世界秩序的重建》，周琪等译，新华出版社1998年版，第95页。

情用事，而感情这东西与其所属的文化有着密切关系。理性可以普世化，感情却只能是民族的、文化的。“人并不只靠理性活着”，这是亨廷顿文明冲突论的理论基石，也可以看作它在学理层面的意义。

学理归学理，事实归事实。即便文明之间确实存在差异，但“差异”本身并不一定就能导致冲突。问题的关键是，谁会主动引发冲突？亨廷顿对此并没有直说，而事实往往就隐匿在文字背后。亨廷顿特别注意全球化对文明体之间的影响，问题的焦点也在这里。

全球化是以美国为首的西方主宰的，这与19世纪西方对世界的扩张具有类型化的意义。[①]不同的是，19世纪的非西方国家对西方文化和价值更多的是顺从；而现在随着非西方国家（特别是像中国这样的国家）在世界格局中国家力量的上升、分量的加重，它们越发希望说自己的话，让世界听到另一种声音。在全球化的进程中，西方以自己的优越地位处于“强势”，非西方因为自己的非优越地位而处于“弱势”，但“弱势”者不意味着情愿被人宰制。如果因此而引发冲突，那公道应站在哪一边呢？

亨廷顿选择的是“强势”者的立场。他大声疾呼，西方文明既是优越的也是独特的，西方应放弃普世化的努力，加强自身价值的认同，在军事、政治、经济、文化上保持自己的强势地位，以应对来自其他文明的挑战。作为西方文明核心国的美国，其首要任务不是忙于向世界推销自己的价值，而是加强与西方国家之间的团结和合作。在国家内部，美国应放弃多元主

① 菲利普·英格哈德说：“全球化无疑是西方文明扩张的伟大结局。”转引自杨博华《全球化文化认同与文化帝国主义》，《南京社会科学》2000年第8期。

义的追求，重回欧洲传统、新教价值，强化内部的单一的主导性文化，保持国家的凝聚力。

当然，在这个前提下，亨廷顿也没有忘记告诉他的读者，为了避免冲突，各个文明体之间应该加强沟通、理解和协调。与其说这是他诚实的结论，莫如说这更像是一句礼貌性的结语。既然保持美国和西方的优势地位是其理论的前提，那么，所谓文明之间的沟通和理解就不可能是平等的。说到底，亨廷顿的文明冲突论主要是在为美国和西方出谋划策。事实上，作者除身为哈佛大学教授之外，也兼任美国国防部顾问，曾任美国国家安全委员会安全计划小组的负责人，其《文明冲突？》是脱胎于他所承担的美国国防部《转变中的防御环境及美国的国家利益》专题研究中的报告。作者的“主体语境”也说明了这一理论在政策层面的意义。

这里，应注意的是亨廷顿的“认同”概念。“文化认同”是他的文明冲突论的理论基础：“对于那些正在寻求认同和重新创造种族性的人们来说，敌人是不可少的，而潜在的最危险的敌人会出现在世界主要文明的断层线上。”[①]也正是在这个层面上，我们可以把他的“文明冲突论”看作是“语境对撞”问题。

“认同”（identity）这个来自于拉丁语（idem）的词汇，具有“同一性”“连续性”的含义。“文化认同”（culture identity），主要是指个人对一个特定的文化族群所具有的想象的同一性和归属感。这有点类似于本尼迪克特·安德森（Benedict Anderson，1936—2015）《想象的共同体》一书里

① [美] 塞缪尔·亨廷顿：《文明的冲突与世界秩序的重建》，周琪等译，新华出版社1998年版，第4页。

有关民族概念的形成过程。文化认同即是一种特定文化里的成员通过对这一共同文化的确认、界定自我、区分他者而建构起的一种想象的同一性，而这种同一性便是每一个个体拥有一种共同文化的群体性标志。正如一个人从来没有见过另一个人，但他通过两人之间使用相同的语言、文字，同时习惯读汉语文献、听中国音乐、观赏中国山水画作，就能够在两者之间建构起一种文化想象的同一性，产生共同的文化认同。

文化认同并不处于一次完成的静止状态，好像它是事先存在那里等着每一个文化内部成员归属它似的。“认同”永远是动态的，是主体不断建构的一种想象的同一性存在，而亨廷顿的文明冲突的理论前提是把西方文化与非西方文化对立起来。它虽然承认全球化能使不同文化之间的人们相互拉近，但它又否认非西方文化的群体对西方文化认同的可能性，相反，认为非西方文化强化自我认同本身就对西方文明构成威胁。这样，他就在理论上拒绝了文化认同的动态性和不断建构的生成性：“人们正在发现新的但常常是旧的认同，在新的但常常是旧的旗帜下行进，这导致了同新的但常常是旧的敌人的战争。”①

全球化是一种跨民族文化的流动，并具有方向性，主要是由美国和西方向非西方区域输入，包括人员、商品、媒介和信息。像美国的华尔街跨国金融集团、苹果公司、微软集团、好莱坞的世界梦工厂、CNN有线电视等等，它们不但能制定相关的规则，而且也提供资讯，传播消费观念和大众娱乐。世界从来没有像今天这样如此之近，文明体之间如此交融。问题是，作为非西方文明区域的人们会如何对待来自西方的商品，如何

① [美] 塞缪尔·亨廷顿：《文明的冲突与世界秩序的重建》，周琪等译，新华出版社1998年版，第4页。

接受西方提供的信息、西方的消费观念和大众文化？是否恰如亨廷顿所说，这对于非西方的受众而言，绝然不会产生对西方文明的认同，反而会强化自我的文化认同？

如果把来自西方的商品、信息、消费观念和大众文化娱乐看作是一个特定的文本，那么非西方的受众会怎样“理解”它？这正是我们上面讨论的问题：读者理解文本是一个复杂的过程，对于一个跨文化的文本来讲更是如此。一件外来的商品和一条外来的信息能否为异质文化的“读者”理解接受，关键取决于读者对它的“解码”。“大众解码”对文本具有协商性、对抗性和创造性。

举个例子，这里可以把美国的跨国快餐“麦当劳”作为一个文本。我们决定是否吃这一快餐，就是自己与这一来自美国食品的一个协商过程，包括对这一食品的美国符号意义以及食品的本身价值判断等等。对抗性就是排斥，拒绝它的意义，不吃这类食品。而对于中国的经营者而言，为了适应中国人的饮食习惯，他们在经营方式（提供儿童生日聚餐、儿童娱乐场地和项目）和经营范围上便会做出改变，如为顾客提供油条和豆浆。

美国的好莱坞电影、美国电视的娱乐节目，如脱口秀、肥皂剧、大众歌唱比赛等也是如此。对一个喜欢美国好莱坞电影的中国观众而言，他不会只喜欢美国电影，而在思想观念里则拒绝认同美国的大众电影文化，如大制作、大场面、科技特效、音响效果。商品本身具有“操纵”性，购买一件商品就是承认它的某种意义。即是说，全球化不但拉近了不同人群的距离，而且也会产生新的认同，未必都是文化上的自我认同。文明的混融是存在的事实。当然，这种混融在语境理论上也可以看作是“语境的对撞”。

亨廷顿强调全球化背景下非西方文明自我认同的强化，但这也不一定都像他所说的是对自己传统的复归。认同的深浅并不截然二分，它只具有相对意义。对于西方文明而言，认同基督教也许是最深的文化认同；但一个信仰基督教的中国人未必就意味着在最深层次上认同西方文化，中国人的宗教观念跟西方人不是一回事。对中国人来讲，改信宗教或者同时信几种宗教，事实上比离婚还容易。当今的中国人在现在的世界格局下也许——像亨廷顿所说的——强化了自己的文化认同，但未必就是亨廷顿意义上的对“儒家传统”的认同。不能认为中国家长让他的孩子背诵《三字经》，有些文化学者提倡尊孔和研究“国学”，以及每年在山东曲阜举行的祭孔大典就是中国人复归儒家传统的明证。

其实，中国人的文化认同最主要的还是在日常生活世界，包括使用汉语语言进行书写、交流和思考，喜欢中国戏剧、音乐、文学、绘画、电影等。中国人习惯于按照中国方式处理人际关系，将“生人”与“熟人”的分类看作是人际交往的前提等。说得极端一点，中国人的“黄脸”就是文化的名片和标签。

就文化认同而言，亨廷顿犯的一个明显的错误就是，他忘记了中国是一个善于向别人（强者）学习的文明体。从近代以来，中国人就向西方寻求真理，探求自己的文明复兴之道。难道这一“学习”的过程就没有半点的文化认同？事实上，今天的中国文化无论是在伦理层面还是日常生活层面，都杂有中西文化的混融味道，只是强调文明冲突的一面显然在理论和事实上，都是不周延的。

以上这几个问题,可看作是“跨语境实践”层面的问题。“跨语境实践”常常会诱发实践者的“主体”意识，迫使实践者产生一种自我身份的警觉。刚刚讨论到的这些思想范式，不论其对错、深浅如何，可能都是处理“主体”和“他者”之间紧张关系的典范。接下来，我想谈及“语境”的另外一个层面的问题。“语境”意识能使人充分注意到相关问题的背景、缘由和意义脉络，使人产生一种“内在”立场。在我阅读您的中国宪政史著作的时候，总能感受到您对历史当事人有一种深深的同情，您在思考问题时似乎有一种非常鲜活的历史在场感。如果我这种感受正确的话,您是怎样进入“具体语境”和“历史现场”的?

请不要把我以下说的话当作礼貌性的客套：你所使用的“语境意识”和“内在立场”这两个用语很重要，也很恰切。“语境”在我们对待问题时不只是一种方法，更是一种意识，有了这一意识，我们看问题时看到的可能就是另一种风景。“内在立场”是“语境意识”的产物。与此不同的是“中立者”的立场，即观察者、研究者首先把自己置身于被观察、研究的问题之外，扮演一个旁观者角色，认为只有如此，才能做到客观、冷静，充分发挥“理性”的力量。这看起来很不错，其实是可疑的。

因为它是以“人是理性的”的假定为前提，把主体身上所有非理性的因素剥除干净，包括感情、境遇等等，主体也就从一个活生生的人变成了一个抽象的理性存在物。这一立场也排除了人的“前见”和“历史性”，不允许人受到“过去”的干预，而事实却是：人都是历史的囚徒。在对待历史问题时，这一立场就变成了“跳出历史之外看历史”的方法论，即拆除了历史存在物存在的因果关系链条上的每一个环扣，也不问历史存在物存在的具体语境，只专注于对历史存在物存在的“理性”判断的合理性，不顾“应然之物”并不一定就是历史或将来会必然出现之物这一原则。这样的研究呈现的知识形态可能“永远正确”，但缺乏温度。

对待历史，所谓“内在立场”就是研究者走进历史，带着自身所有的主观因素去感知、触摸，竖起耳朵倾听历史的每一次呼喊和心跳。这样的研究必定会使过去的一堆“死物”死而复生，充盈着人间的烟火气和人情味。事实上，同样研究“二战”史，一个“二战”结束多年之后出生的人与一个亲历“二战”的老兵相比，无论视角、感受和结论肯定都是不同的。对一个老兵来讲，他的研究不一定多么深刻、正确，但一定是带着硝烟味，而且是叮当作响的。从这个意义上说，“内在立场”就是一个“老兵的立场”：重回过去了的那个场面，贴近事实，同情地理解其中的每一个人物和事件。做到“同情理解”并不难，“设身处地”“将心比心”就行了，关键是愿不愿意而已。

就中国的宪制史研究而言，“内在立场”的确很重要。研究者没有办法使历史重新来过，我们只能俯下身去亲尝历史的无奈和悲叹。在我教过的学生中，时常会听到他们这样的叹息：如果“戊戌变法”成功了，中国就会如何如何；如果清王朝能够真正力行君主立宪，中国又将如何如何。问题是，中国的历史就是这样一步一步走过来的，“该发生的，没有发生”，“不该发生的，却都发生了”。可也许这恰恰就是历史本来的样子。这说明历史并不是“应然之物”，“应然之物”属于哲学而不属于历史。事实可能就是，近世中国因其自身的“极端落后性”并不具备接纳西方进步的条件，“革命”是常态，而且革命也不断地下移，中国近世历史也就完成于“下层革命”之中。在这一语境之下，一切问题就会变得好理解了。

你所说的“具体语境”和“历史现场”，其实是一回事。“历史现场”对于文本而言就是“情景语境”。如果把历史看作一个文本，那么这个文本主要由人物、思潮和事件等部分组成，而每一个部分都有连结整个文本的“具体语境”。所谓“同情理解”就是回到“具体语境”。譬如对待中国宪制史上的人物，除了研究他的专业性文本之外，还要阅读其他相关文本，如传记、年谱、书信、日记等，这能对人物的情感世界、性格特点起到廓清作用，而任何一个人物的思想都与他的情感、性格、经历、境遇有关。

梁启超在中国宪制思想史上，常常因为“善变”而被人诟病。问题是，这种“善变”是他的性格特征使然还是客观情势所迫，还是两者相互作用的结果？在这“善变”的背后有没有“不变”的东西存在？要回答这些问题，就必须回到“历史现场”，在具体语境中去把握。日本的研究者狭间直树（1937—）总结梁启超一生没变的思想是他的“强国主义”。这一思想与通常在西方意义上所使用的“国家主义”，无论在情怀、感情还是思想特质上，都有不同的寓意。[①]同样，对孙中山宪制思想研究的文字和成果虽已非常丰硕，然而真正打动人的并不多，读竹内好的文字却能让人感到意外：

孙文在《民族主义》中这样写道：

---

① 参见[日]狭间直树《〈新民说〉略论》，载狭间直树编《梁启超·明治日本·西方——日本京都大学人文科学研究所共同研究报告》，社会科学文献出版社2001年版。

“中国对于世界究竟要负什么责任呢？现在世界列强所走的路是灭人国家的；如果中国强盛起来，也要去灭人国家，也去学列强的帝国主义，走相同的路，便是蹈他们的覆辙。所以我们要先决定一种政策，要济弱扶倾，才是尽我们民族的天职。我们对于弱小民族要扶持他，对于世界的列强要抵抗他。如果全国人民都立定这个志愿，中国民族才可以发达。若是不立定这个志愿，中国民族便没有希望。我们今日在没有发达之先，立定扶倾济弱的志愿，将来到了强盛时候，想到今日身受过了列强政治经济压迫的痛苦，将来弱小民族如果也受这种痛苦，我们便要把那些帝国主义消灭，那才算是治国平天下。”

我在战后重读《三民主义》时，被以前忽略了的这一节打动了。中国作为半殖民地国家（孙文认为中国成了多数国家的殖民地，其地位在殖民地之下，故自称次殖民地），在国际政治中，长期没有得到独立国家的待遇，但自己所把握的理想却是这样的高远。这不是真正的独立国家的标志又是什么呢？这是一种不求助于他力、坚持以自己的力量试图获得独立的态度。而且，这种作为独立国家之标志的理想，是正视自己国家的被殖民现实，从苦难中结合本民族的传统而打造出来的理想，故不需要通过教育的灌输，而是自然而然地成为国民实践的目标的。不管他人怎样指手画脚，只专注于通过主张正义来积蓄内在的“自信和气力”。今日中国之不可动摇的国际地位，作为这一实践的结果，是自然而然产生出来的。[①]

① [日]竹内好：《近代的超克》，李冬木、赵京华、孙歌译，生活·读书·新知三联书店2005年版，第281—282页。

正如孙中山的话引起竹内好共鸣一样，竹内好的这段文字也曾无数次打动我。身处“二战”刚刚结束不久之后的日本人竹内好对中国近世人物的阅读，总是能把他自己的境遇和情感带入进去，唯有动情，文字才会显现真诚。

对人物如此，对诸如义和团运动、辛亥革命、“五四”新文化运动等重大事件也应如此。就拿义和团运动来讲，当下好像有一种“公共情绪”成了话语常态，一提起“义和团”就把它与“愚昧无知”“滥杀无辜”“装神弄鬼”“仇外排外”等联系起来。如果这种情绪是对过去有关这一事件高调叙事的一种反叛形式，那是好理解的；然而，若把情绪当作历史事实，这对一个人文社科的学者来讲那就不应该了。其实，有关“义和团”，中外都有著名专家、学者呈现的研究成果。当一种“公共情绪”在互联网弥漫的时候，是没有真正的研究者说话余地的。“不可说，一说就错”是研究者面对互联网一种共同的无奈，因为（移动）互联网在本质上，并不是一个适合表达学术和知识的场域，而是一个以制造舆论和热点为其主要存在的虚拟空间。在这种情形之下，提倡所谓“同情理解”只能意味着“渴望冲撞”，主动上门去找抽。

关于“义和团”我不想多说，这里我只是引述亲历这个事件，而且作为受害者一方的一位美国传教士对这个事件的评论和看法，他的中文名字叫何天爵（Chester Holcombe，1842—1912）。引述他的话一方面是为了说明回到“历史现场”对于观察和研究者是多么重要，而更重要的方面是为了对他的正直和诚实表达一个中国后学的敬意：

> 中国的人民大众是平和、勤劳、坚韧和习惯于忍耐

的，但是他们既不迟钝也不昏聩。对他们来说，一次突然的冲动必然有其长期存在的根源。观念和情绪缓慢地渗透进他们的意识中，他们隐忍着聚集力量，直到一个谁也意想不到的时刻突然以席卷一切的行动爆发出来。报复这些如潮水般的暴力也许是容易的，但是消除其根源才是明智和仁慈得多的做法。如果自诩为一种更高文明的西方列强，出于自私的政策而不愿意对目前正在震惊世界的这些不必要的和不可挽回的屠杀、苦难和毁坏负责，那将是人性最大的悲哀。①

有了这段话已经尽够，再说就是多余。

① [美]何天爵：《真实的中国问题》，卢彦名译，南京出版社2009年版，第51页。

IV 政制与国性

民族国家是现代化的一种趋势，伴随着国际人口流动的加强，现代民族国家的人口俨然不如以前纯粹，如法国的移民所占人口比重已达两位数。而国家的现代法治建立则依赖着一些历史基础，法律主要调节的是常规现象。针对这种人口流动加强的趋势，您认为现代国家的法律是否有必要在现有法律中增设新的法律或是做出改变？

这与上个部分回答亨廷顿的文明冲突问题相关联。事实上，全球化的确使我们居住的这个世界更加复杂。在19世纪和20世纪早期，随着西方的殖民扩张，西方人也向殖民地流动和定居，成为当地的新主人,而作为他们在本地出生的子女却成了地道的本地人。殖民主义的不平等，不仅仅表现在殖民与被殖民的等级关系，还在于殖民主义的单向度，即是说，宗主国的公民可以自由地向殖民地漂移、定居，而殖民地的本地人则不被允许前往宗主国居住或生活。即便在殖民地出生的移民者子女，也只被允许到自己父辈的祖国去读书学习，而不能待着不走。这些人在本地因为肤色成了一等公民，又因为出生地，在其父辈的祖国成了“异乡人”。按照本尼迪克特·安德森的看法，西班牙、葡萄牙之于南美便属于这种情况，这是南美国家民族主义形成的重要因素。

虽然全球化主要是美国和西方的人员、商品向非西方国家输入，但非西方国家的人员和商品也向美国和西方国家流通，甚至也伴随着移民浪潮。全球化的结果使得不同文化之间既相互融合，也相互区分，文明的混融与文化的自我认同并置。在美国和西方国家内部，一方面，它们接受来自于非西方国家的移民是因为需要廉价的劳动力；另一方面，移民的涌入也加剧了外来人与本地人的利益冲突，前者被指控是抢饭碗的人，容易成为导致失业率升高的替罪者。更重要的是，移民们因为自己宗教信仰、习俗的差异,也很难真正融入居住国的主流文化。越是难以融入就越会强化自我认同，冲突是难免的。全球化本身就是这样一种悖谬式存在。这也改变了19世纪以来在欧美地区所形成的民族国家概念。

19世纪以来，西方固守这样一种民族国家观念：民族与国民概念是一致的，即不同族裔的人通过国家而获有国民资格。民族、国民、国家三者皆可以由“nation”一词表达。民族（nation）若从“国族”进行解释的话，那它本身就是国家概念，即是说，国家通过立宪，将不同族裔的人凝聚起来，形成一个政治共同体，而这一共同体便是国族意义上的国家概念。拿我们中国来说，中国拥有五十六个民族，这个民族便是族裔性的民族，如汉族、回族、藏族等，而作为西方意义上的民族国家概念，这五十六个民族则聚合为一个统一的“中华民族”，中华民族便是国族概念，与（中华人民共和国）国家同义。

按照这一传统，无论一个人曾身处何种文明，不管他曾是伊斯兰国家的人还是印度人、中国人，一旦移民到某一个国家，他便被纳入这个国家的体制，获得这个国家的国民身份，成为其中的一员。然而，全球化改变了这一切。正如上面所说，全球化使得先前的国与国之间的人口流动的单向变成了双向或多向，现在的一个三口之家，父母和孩子分别具有三种不同的国籍，并不是件很奇怪的事情。移民的大量涌入，使得传统的民族国家遇到了前所未有的挑战和考验。这些移民虽然在移居国取得了公民身份，成为该国的国民，但他们仍习惯于按自己的族裔身份居住，也因此形成了一个个不同的少数族裔社区。这样的居住方式人为地使他们与移居国的主流文化隔绝了，宗教信仰、生活习惯的差异性又使得他们事实上也很难融入主流文化。他们实际上成了移居国的边缘人，也就是说，他们从族裔性转变为国族性时遇到了困难。这种情形必然带来如何重新理解和定位民族和国家的问题。

全球化使西方文明国家之间在如何处理全球化问题上出现了分歧：一种是持开放主义，即主张顺应全球化趋向，世界各国应进一步拆除“围墙”，使不同文明之间的人民和商品能便利地流通，世界在西方文明的主导之下也必将融为一体。默克尔领导的德国政府在处理移民和叙利亚难民问题时，采取的基本上是这一立场；一种是现实的保守主义，以现任美国总统特朗普为代表。他在上任伊始便颁布“禁穆令”，限制和禁止特定国家的公民前往美国，主张在美国和墨西哥的边界上修筑“隔离墙”，禁止墨西哥的公民非法进入美国。这都被看作是特朗普极端保守主义的象征。从我们所讨论的问题角度说，特朗普主义也可以被看作是对亨廷顿文明冲突论的继承和实践。

总体上看待，全球化确实给传统的民族国家与民族概念带来挑战。与此相对应，不同的国家都会在自己的国家内部，从法律层面上做出改变。而国际法层面上的国际交往规则是否也会随之发生重要变化，我们只能拭目以待。

在中国现代化建设中，“法治”已经成为一个热门词汇，中国共产党“十八大”也把“法治”这个词语纳入了社会主义核心价值观。社会主义核心价值观中有关国家层面的四个词语是“富强、民主、文明、和谐”，也就是说，法治在中国现代化过程中既有所依托前述观点（富强、民主、文明、和

谐），也被前述词汇推动发展。老师您认为这些词汇和“法治”在现代化建设中的力量对比是何种情形？

这要从一个学术性角度切入，厘清一个问题：社会主义与现代化（现代性）之间是何种关系？这一点清晰了，我们的问题也就易于解释了。

这还得从我们的现行宪法说起。1982年宪法序言有这样的表述：“中国各族人民将继续在中国共产党领导下……逐步实现工业、农业、国防和科学技术的现代化……把我国建设成为富强、民主、文明的社会主义国家。”①这段文字由两个部分的词语组成：一个是“富强、民主、文明”，另一个是“社会主义”。前一部分词语所指向的是国家的现代性，包括物质、制度和总体程度上的目标；后一部分指向的是现代性国家在意识形态层面所具有的属性。这两者既相互指涉，也相互嵌入，呈现的是一个完整的现代性国家镜像。

而在现代性目标的序列上，“富强”则被置于优先地位。这一“装置”（apparatus）②既有它的现实性，也有它的历史性。“富强”在中国的近代史上曾被置于思想的核心位置而被

① “1982年宪法”有两层含义：一是指1982年通过的《中华人民共和国宪法》，二是指中国现行宪法，在1982年制定的那部宪法的基础上经过四次修正而成。其中1993年的修正将“把我国建设成为高度文明、高度民主的社会主义国家”改成“把我国建设成为富强、民主、文明的社会主义国家”。

② 这一术语来自于福柯：首先，装置是完全的异质集合体，包括话语、制度、建筑形式、调控决策、法律、行政措施、科学陈述以及哲学、道德命题和人类学命题等；其次，装置是存在于这些异质成分之间的关联的本性；最后，装置是一构建，其主要功能为战略功能，即在既定的历史时刻对迫切需求予以回应。参见Michel Foucault, Power/Knowledge: Selected Interviews and Other Writings,1972–1977, ed. C. Gordon，New York: Pantheon Books, 1980, p194–195.

叙述，成为改革、革命追求的最高价值，也是严复、梁启超、孙中山这些思想者、行动者所呈现的共同思想特质。美国的本杰明·史华慈（Benjamin Schwartz，1916—1999）则把“富强”作为他研究严复思想的关键词。[①]“富强为体，宪政为用”是近代中国宪政思想的基本范式。[②]

问题是，中国宪法所构筑的以“富强”为关键项的现代性国家目标，与社会主义价值之间如何能够和谐统一？现代性与社会主义之间到底是一种什么关系？

要理清这个问题，还需回到马克思主义的经典作家那里去。马克思和恩格斯最初在阐释自己的学说时使用的是“共产主义”而不是“社会主义”。19世纪中叶以后，马克思、恩格斯较少使用“共产主义”而更多的是使用“社会主义”这个术语了。马克思、恩格斯在阐述社会主义的理论和实践时，虽然也涉及生产力的发展问题，但这主要是在发达资本主义基础上所提出的一种社会要求，其理论的重心则是着力于社会主义这一制度类型的内在属性和价值：

> 无产阶级革命，矛盾的解决：无产阶级将取得公共权力，并且利用这个权力把脱离资产阶级掌握的社会化生产资料变为公共财产。通过这个行动，无产阶级使生产资

① “在随着甲午战争失败而来的严重危机的气氛中，‘富强’的口号和一切有关的联想，赢得了统治阶级中大多数明智人士的默认，并且使讨论转向了新的话题。”与此前不同的是，此时“保国”开始与“保教”分裂，并且要求优先于“保教”，这种优先不是位阶性的排序，而是非此即彼的决断：“假如必须在保国和保住基本的儒教价值观念之间作最后的抉择，那么，哪一方将让路呢？”见本杰明·史华慈《寻求富强——严复与西方》，叶凤美译，江苏人民出版社1996年版，第15—19页。

② 参见拙著《宪政文化与近代中国》，法律出版社1997年版。

料摆脱了它们迄今具有的资本属性，使它们的社会性有充分的自由得以实现。从此按照预定计划进行的社会生产就成为可能的了。生产的发展使不同社会阶级的继续存在成为时代错乱。随着社会生产的无政府状态的消失，国家的政治权威也将消失，人终于成为自己的社会结合的主人，从而也就成为自然界的主人，成为自身的主人——自由的人。（恩格斯：《社会主义从空想到科学的发展》）

在当前同资产阶级对立的一切阶级中，只有无产阶级是真正的革命阶级。其余的阶级都随着大工业的发展而日趋没落和灭亡，无产阶级却是大工业本身的产物。（马克思、恩格斯：《共产党宣言》）

这种社会主义就是宣布不断革命，就是无产阶级的阶级专政，这种专政是达到消灭一切阶级差别，达到消灭这些差别所由产生的一切生产关系，达到消灭和这些生产关系相适应的一切社会关系，达到改变由这些社会关系产生出来的一切观念的必然的过渡阶段。（马克思：《1848年至1850年的法兰西阶级斗争》）

引证这些文字，为的是说明这样一个看法：马克思、恩格斯的社会主义理论和实践是建立在高度发达的资本主义工业基础上的，也只有这个基础的存在，社会主义的不断革命才能使人成为真正“自由的人”。现代性与社会主义在马克思、恩格斯那里是一体的，而且在物质形态上，社会主义比资本主义更具现代性。

然而，马克思、恩格斯的社会主义革命理论和实践最终不是在西欧，而是在大工业相对落后、资本主义发展并不充分的俄国取得了胜利。这个转变是列宁主义诞生的前提条件。列宁所面对的俄国问题自然不同于马克思、恩格斯的“欧洲视角”。列宁的社会主义理论和实践也就转变为这样一个问题——在坚持社会主义内在属性和价值的同时，如何实现国家的现代性：“当无产阶级夺取政权的任务解决以后，随着剥夺剥夺者及镇压他们反抗的任务大体上和基本上解决，必然要把创造高于资本主义社会的社会经济制度的根本任务提到首位；这个根本任务就是提高劳动生产率。”（列宁：《苏维埃政权当前的任务》）1920年，他又特别强调必须把全部注意力转移到经济建设上去：“如果我们不能恢复我国的经济，那末我们就落在而且将来还要落在资本主义列强的后面，我们就会挨打。”后面这句话对于我们中国人来讲倍感亲切，相似的遭遇会产生类似的感情。“落后就要挨打”的教诲，更使得我们中国人感同身受。

这里的社会主义已不能当然地嵌入现代性，后者越来越凸显为社会主义国家必须面对的问题。随着中国革命的胜利，社会主义革命也不断地下移，分别在亚洲、美洲，诸如朝鲜、越南、老挝、古巴等贫穷落后的国家取得了胜利。如何把社会主义自身的内在属性、价值与国家的现代化、现代性协调起来，成了这些国家复杂而根本的问题。

事实上，马克思、恩格斯的社会主义与现代性的“整体论”，经过俄国社会主义革命，已经分成了社会主义（内在规定性）与（国家）现代性两个部分。社会主义既为国家现代性提供手段和途径，同时又是现代性价值的厘定者、规定者；而国家现代性则成了保证社会主义实现不可或缺的物质基础。“贫穷不等于社会主义”是其集中表达。

对此，中国的马克思主义者把社会主义分成“初级阶段”和“高级阶段”两个既独立又相联系的部分。而有关社会主义与国家现代性的问题则集中在“初期阶段”：“我们不要资本主义，但是我们也不要贫穷的社会主义，我们要发达的、生产力发展的、使国家富强的社会主义。”[①]这句话说得清清楚楚，在社会主义的初级阶段，以“富强”为标志的国家现代性追求是主要目标，而社会主义则是达到这一目标的有效途径。

那么，社会主义的内在价值又是什么呢？答案就是“共同富裕”：“共同致富，我们从改革一开始就讲，将来总有一天会成为中心课题……社会主义最大的优越性就是共同富裕，这是体现社会主义本质的一个东西。”“社会主义的本质，是解放生产力，发展生产力，消灭剥削，消除两极分化，最终达到共同富裕。”[②]

对于国家的现代性追求不能丢弃社会主义的内在价值这一点，中国的马克思主义者反复强调，并对丢掉“共同富裕”这一社会主义内在价值而出现“两极分化”的可能性提出了严厉警告：“社会主义的目的就是要全国人民共同富裕，不是两极分化，如果我们的政策导致两极分化，我们就失败了，如果产生了新的资产阶级，那我们就真是走了邪路了。”[③]

也就是说，“共同富裕”是中国马克思主义者在“社会主义初级阶段”为社会主义自身所厘定的内在的、核心的价值。

---

① 《邓小平文选》第2卷，人民出版社1994年版，第231页。

② 《邓小平文选》第3卷，人民出版社1994年版，第364、373页。

③ 同上，第111页。

这一价值在法学意义上也可以被看作是现代性基础之上的“平等”，即全中国人民具有平等地分享中国现代化建设成果的权利。而如何把国家的现代性追求与社会主义平等价值的坚持协调起来，则是中国社会主义实践的根本性问题。

一方面，中国必须脱去贫穷落后的帽子，成为一个真正受人尊重的现代化强国。这需要聚合社会各个阶层的力量，调动起各方的积极性，包括知识分子的科学技术知识优势以及资本拥有者的资本。没有先进的科学技术就不可能有发达的生产力；没有钱，靠喊口号是办不成事的；光靠出傻力气，也不可能产生现代性。另一方面，社会主义又要求，这样的现代化、现代性必须服从于“共同富裕”，特别是让其他阶层的人民感受到现代化过程中的平等。这的确是一项艰巨的任务，而真正把两者协调起来则更难。

从法治的意义上讲，国家的现代性价值与社会主义自身价值还是有所区别的，前面所说的“富强、民主、文明”是属于国家现代性的范畴，是任何类型的现代国家应具有的特征。而以“共同富裕”为核心的“平等”则是社会主义自身所具有的价值，是社会主义与其他类型社会相区别的标志。打个不太恰当的比方：有一堆干柴放在这里，谁有本事谁拿走，这是资本主义；把它分成若干份，每人一份，这便是社会主义。职是之故，中国的法治建设既要服从于国家现代性的要求，处理好与富强、民主、文明等价值的关系，更要把以“共同富裕”为核心的社会主义平等价值内化，追求社会意义上的平等应是中国社会主义法治的基本特征。

中国的政制有自己的选择，这一选择是否与中国的近世历史有关？您经常说，研究中国问题有一种重要的方法是“转身”，即回头去追溯它的过去。您能谈谈这方面的问题吗？

现实和历史不是一种对立关系，而是视角的差异。其实，一个人喜欢历史也不全是因为“好古”，或多或少都带有对现实的某种好奇。现实是历史的现实，历史也是现实的过去，两者之间始终存在着一条秘密的通道，要深入地理解现实就要穿过这条通道。对待现实有两种态度或方法：一种是直视，即与现实面对面，通过观审，寻找现实存在的各种因素以及这些因素间的相互关系；另一种就是上面所说的“转身”，即背对现实，追溯现实如此这般的“前世今生”。这好比了解一个人，一种是对他/她的直面打量，从他/她的现实状态中判断出性格或行为特征；另一种是看他/她的过去，从其成长的经历中寻取原因。

在中国近代思想史上，卢梭几乎是个家喻户晓的人物，其社会契约论也为人所熟悉。然而仔细阅读就会发现，卢梭的社会契约论并没有在中国近代扎下根，为中国思想所真正服膺的是进化主义。[①]要回答为什么会这样，恐怕还得返回到中国的近代历史中去。

学过法科的人都知道，契约主义是西方宪制的关键。它既是解释欧美宪法历史的方法，也是其宪制建构的理论基础。契约主义中所包含的人民主权、权力限制以及权利保护是近代

---

① 参见袁贺、谈火生编《百年卢梭——卢梭在中国》，吉林出版集团有限责任公司2009年版；王中江《进化主义在中国》，首都师范大学出版社2002年版；吴丕《进化论与中国激进主义》，北京大学出版社2005年版。

欧美政治生活中所面临的基本问题。然而，对于近现代中国来说，用契约主义应对中国政治问题，就显得文不对题。原因在于，中国近现代的基本问题不是限制国家权力，而是相反，即怎样去建立一个现代国家并让它充分发挥作用。具体说来，近现代欧美政治的核心问题是如何有效限制权力，而中国政治的核心问题是如何让国家权力发挥其功能。

从这个意义上说，中国近代史上的改良、革命、建设、改革等等，其内在追求都是建立强大的现代国家和有效的现代政府，进而实现中国的充分现代化。换言之，中国近现代政治史的基本问题不是西方层面的限权与自由，而是中国处境里内生的国家现代化与政府权威化。①

中西在近代所处的不同语境是我们思考和研究中国政制问题的基本依据或前提。这就要求中国的思考者、研究者真正进到中国近代史的内在逻辑，而不是在中国的历史之外做一些原理性的简单比附。在思维方法上，要把握两个范畴，即分析和综合。所谓分析，就是把研究对象拆解开来，对立起来，进而充分展现它们的不同之处，识别各自的独特性。对于中国问题的研究，可能首先要做的就是这种对照分析。所谓综合，就是在分析之后，把研究对象进行沟通比较，在各自特性的基础之上开掘出它们可能的共通之处，在更高层次上来寻求它们的可通约之点。当充分把握了中国的历史语境之后，我们再来对中西政制之道进行比较和品鉴，那时的理解就会更自觉，更开阔。

梁漱溟在阐述自己的学术人生时曾说，他不是一个学者，

---

① 参见拙著《法的中国性》“宪法概念的起源及其流变”和“余论：什么才是关键”部分。

不是一个哲学家，甚至不是一个学术中人；如果一定要说，他说自己可能是一个问题中人。这里的“问题中人”，可能是说，他一直试图不受各种现成学说的羁绊，而是努力直面问题。为什么要如此呢？原因在于，西方的宪法学，和它的宪法精神已经有某种内在契合了；西方宪法学家可以直接运转其宪法学而获得理论上的真知和实践上的效果。然而，由于中国宪法的独特性，直接套用西方宪法学范式，会使我们的研究错失事实之真，无法嵌入现实。要把握中国宪法的核心问题，必须具备一种突破西方宪法学范式的能力，必须有一种挖掘中国宪法自主议题的眼光，做一个“问题中人”。

要准确把握中国问题，是否有这样一个前提性要求，即首先把“中国”这个基本概念放在近世的框架里加以理解？如果是这样，那又如何理解？

这的确涉及一个根本性问题，即处在近世的中国人是如何通过把握身在的这个叫“中国”的国度而认知自己的。如何认识“中国”，构成了如何认知自己的一个面向。这里，可以引入萨义德对东方主义（“东方学”）的阐释，而引入的目的是为了说明这样一个问题：中国人对“中国”的认知依赖于西方人所提供的“中国镜像”。

萨义德认为，东方世界尤其是近东世界，其近现代的自我身份，是由西方建构出来的；东方人的（文化）特征是西方“发现”的，其发现的过程则伴随着西方世界的军事征服，宗教传播，经济与科技优势，西方人、西方文化与商品的大量输入，包括鸦片。西方的学问家也就在这个过程中展开了对东方的研究。“东方（人）”作为研究的对象也就被贴上了“非理性”“迷信”“懒惰”“虚伪”“放纵”“专制”等标签，这些标签进而又变为一种广泛流通的合法话语。“东方”就这样作为西方确证自我的一个反面的他者镜像，伴随着西方殖民主义的脚步，被合法地构造出来了。虽然萨义德论述的材料主要是取自近东，但对于中国来说，他的论述也是基本有效的。中国的文化思想处境，并没有处在西方文化殖民主义的势力范围之外。

东方主义是一种普遍的思维结构，它揭示了西方与“东方”之间的关系性质。对中国人来讲，还有一种类似于“东方学”的学问，即“汉学”（sinology）。它是西方人阐释和建构“中国”的一种文化行为，基本上也可以归入“东方学”的范畴。

西方的汉学有不同的类型和不同的流派。但是对于我们中国人来说，要加以注意的是19世纪西方传教士对中国的观察和研究，因为它在形塑近代中国人的身份意识、问题意识、思维方法方面，都产生了相当大的实效。对这样一种研究，可用“传教士汉学”这个不太恰当的词语加以概括。①

关于早期传教士的“汉学”阐释是否包含了文化殖民的因素，一直有争议。然而有一点是肯定的：传教士在理解和阐释中国时，背后依赖的是天主教、基督教文化，以及西方近代的自由民主制度和个人主义价值，这些东西构成了他们阐释和建

① 对传教士的中国研究，用“汉学”一词指称显然不是很恰当，因为传教士并不是专门的、职业的研究者，其涉及的领域、水平也存在很大差异。更重要的是，其研究的动机和目的主要还是为了传教的需要。这里使用“汉学”一词主要是为了叙述问题的方便。

构中国形象的基本尺度，所以总体上把它纳入东方学范畴不会有太大差池。

传教士首先关注的是中国儒教。他们对儒教略有好感，甚至觉得儒教的诸多信条与基督教类似，都致力于提升人的品格，使人具有德性。但是，他们在说上几句儒家的好话之后，马上就会回过头去，生怕用儒教玷污了基督教。在他们看来，儒教无法与唯灵主义的基督教相比，前者只是在此岸努力，无法使人到达不朽的彼岸。儒教也就不可能与基督教本身的博大深刻同日而语。

其次是佛教。传教士很少去认真阅读佛典，而是通过社会中的僧人来理解中国佛教。由于中国传统社会里的僧人，大都来自贫苦人家，很多僧人进入寺院可能只是为了获得一条谋生之路，这样就导致僧人群体品流不纯、信仰不实。这些现象都被传教士看在眼里，导致他们认为中国的佛教徒大都是“假行僧”，是顶着宗教外衣的俗人。他们甚至觉得中国的佛教充满荒谬、欺骗与迷信，几乎不足道也。

然后是道教与形形色色的民间信仰。对这类宗教文化，传教士更是不屑一顾。他们认为，这些民间信仰几乎是泛神论的分泌物。山有山神，河有河神，城镇还有城隍庙……这些在他们眼里都被看作是不可容忍的愚昧、迷信和偶像崇拜。

总体而言，在传教士那里，中国的宗教与文化充满了迷信、荒诞和不可理解。正是这种宗教与文化，孕育出了社会的愚昧、奸诈与不道德。

虽然在宗教伦理方面，传教士一般对儒家文化有些好感，但是这好感的背后却有一种傲慢，因为他们认为，中国文化比较谦和，中国人尚可进行基督教意义上的救赎。换句话说，在传教士眼里，构成中国人精神内核的中国文化之所以还不错，是因为它是可以被基督教归化的。

然而，对于中国具体的社会政治制度，传教士们就不那么客气了。他们认为中国人奸诈、虚伪、冷漠、不讲卫生、不守时、爱面子，挣扎于极其恶劣的环境里，像动物一样只是没有尊严的苦力。在政治制度方面，他们认为中国的制度缔造了冷漠、唯上、麻木不仁的官员和充满奴性的臣民；这种制度是奴役的、专制的。

“传教士汉学”虽然对中国形象的塑造非常有力，但也有一个变异和转换的过程。在明代末期的利玛窦那里，中国的形象是大体健康和良好的。然而到了清代末期，中国形象在明恩溥（Arthur Smith，1845—1932）等传教士那里则变得不堪入目。这种反差是相当巨大的。

利玛窦是意大利耶稣会的传教士，他在明末万历年间，几乎是只身一人来到中国。他有极高的学养，谙熟欧洲科学，也深通儒家义理，据说还能熟练背诵《论语》。他认为传教的首要目标是士大夫阶层，为此他广泛结交士绅官员，甚至还晋见了明朝皇帝。

《利玛窦中国札记》①显示，他对儒家有相当的好感，为了传教的便利甚至说出“耶稣有孔孟之心”这样的话。他以孔孟来阐释耶稣，非常照顾中国人的民族情感。利玛窦这种上层路线的、温情的传教方式，与三百年后他的同事们那种下层路线的、傲慢的传教方式非常不同。利玛窦认为，儒教哺育了中国人的品性，与天主教有相通之处。在他眼里，中国的政制

---

① [意]利玛窦、[比]金尼阁：《利玛窦中国札记》，何高济、王遵仲、李申译，广西师范大学出版社2001年版。本书有关利玛窦对中国的言论和观点均出于此书。

也有良好的品性；科举是一种民主的制度，儒学的熏陶和科举制度选拔出来的官员，一般都具有正直、独立、为民负责的精神。总体上看，利玛窦眼里的中国是一个文明礼仪、繁荣富庶的国家。

然而，三百年过去了，到了清末，社会政治结构与社会经济状态并未发生太大变化的中国，在明恩溥等传教士眼里，却变得极其丑陋萎靡。在民族品格上，他们认为中国人冷漠、自私、狡诈、迷信；在文化上，他们认为中国文化大体上是非理性的，甚至是愚昧无知的产物，处于前现代的半开化水平；对于政治制度，则认为是奴役、专制和压迫的。这批传教士的中国认知，几乎支配了百年多来中国的自我意识，也塑造了中国的外在形象，至今效应未衰。

同为西方传教士，为什么对中国的认知差异如此之大?

首先是个人处境方面的原因。利玛窦来中国传教，几乎是只身前来。一个人要到完全陌生的环境里展开自己的事业，常常需要以客人般的小心谨慎、细腻谦逊，甚至一定程度的对主人的应承，才可能让脆弱的自我得以保存，让局面得以打开。与晚清传教士不同，利玛窦没有自己的军队、外交官、商人作为后援，没有殖民地和租界作为根据地，缺乏这些硬实力，只能以态度的谦逊作为软实力。

或许更实质的缘由是中西物质力量对比发生了变化。利玛窦时代，中国社会经济一如既往保持在特定水平，而欧洲则处于中世纪晚期，处于腾飞的前夜。一百多年后，欧洲的科学革命、启蒙运动开始了；动力、交通、商业、政治管理都进入现代化历程中；再经两百年，到19世纪以来，欧美在物质文明方面勇猛精进，全面超越中国。伴随着物质文明的优势，西方传教士在审视中国时，就有了充足的底气和自信；他们的宗教文明、文化思想等也仿佛同步取得了优越性。于是，中国在他们变化了的眼光里，就变成一个千年不动的木乃伊，变成了一个半开化的蛮夷之地了。

“传教士汉学”并没有脱离东方主义的范畴。它始终是以西方文化价值为判准来看待和处理中国的社会文化。在中国宗教与文化方面，尤其是民间宗教与民间文化方面，“传教士汉学”非常鲜明地展露了其东方主义特质。恰恰是19世纪以来传教士的这种“中国阐释”，非常深刻地影响了近现代中国知识分子。明恩溥的《中国人的气质》直接或间接地影响了一代又一代的中国人。上面我们提到的鲁迅就受明恩溥此书的深刻影响，他生前曾四次提到明恩溥和他的书，而且还表达了要把此书翻译成中文的愿望（他不知道此书在他生前已经有了中译本）。他的国民性批判，部分的知识背景也直接或间接地来自于明恩溥和其他传教士。

“传教士汉学”对中国的构建，随着西方军事和政治势力的侵入，相当程度上被内化为中国人的自我意识。它一方面促使中国人得以同自身处境拉开距离，去反省和批判自我，产生相当明确的关于中国的自觉意识。这种自我批判与自我认知，也诱发了中国的社会改造和社会革命。时至今日，我们在很大程度上依然承受着“传教士汉学”所带来的结果。但另一方面，它也促使中国人依据西方的理念和价值而发生变化。中国的现代性之路，其推动力相当程度来自于西方思想文化的渗入。

这里再强调一点并不算是无谓的啰嗦：“传教士汉学”在性质上属于东方主义（东方学）的范畴应该是没有问题的。然而，这并不意味着他们每一个人的具体观点都是为殖民主义（包括“宗教殖民”）服务的，也不能把他们的每一句话和每一个具体行为都纳入他们的“东方主义”体系中去。应该说，传教士的有些观察是敏锐的，有些观点也是中肯的。他们许多人既在中国传教，也救济穷人，用他们的医学知识救治贫苦的中国百姓，这对于一个自古就缺医少药，在广大农村更是如此的国度还是难能可贵。就拿明恩溥来讲，他既在山东传教，也在山东赈灾，建立小学、中学和医院。1908年他向时任美国总统西奥多·罗斯福建议，将清王朝支付给美国的“庚子赔款”用来在中国兴学，资助中国学生到美国留学。清华留美预备学校（后改名清华大学）的成立，为中国留学生赴美打开了大门，这都与明恩溥的努力分不开。

鲁迅那一代清醒的中国知识分子接受“传教士汉学”的影响，不能认为他们都是傻子。

“传教士汉学”所依赖的并不只是他们对中国文化与习俗的掌握，更重要的是他们自身的基督教（包括天主教）文化背景。

也就是说，面对相同的现象，在不同的思维形式和价值标准中，自然会出现不同甚至截然相反的判断。在我们自己的坐标里，不管是外来的佛教，还是本土成长的道教和其他民间信仰，它们都是由我们自身塑造而成的。中国儒家的思想气质，也可能塑造了中国宗教的某些关键特征。我们若是顺着儒家的思想去考察，一些关于中国宗教的现象就会得到更加公允的说明。如果说基督教的实质是逻各斯理性（logical reason），那么中国儒学及其宗教文化的实质，或可用“实用理性”（pragmatic reason）来标示。对于鬼、神、灵魂这类经验中不可实证的事物，儒学采取的是存而不论的中庸态度。孔子曾说“敬鬼神而远之”“祭神如神在”“未能事人，焉能事鬼”“不语怪力乱神”。孔子的这种态度，是中国文化实用理性特质最典型的说明。它既不否认属灵事物的存在，也不强调它们的存在，仅仅是存之、远之，不在理论上追究这个论题。

从儒学这种实用理性视角看，中国宗教里的世俗主义、功利主义、泛神主义等就好理解了。譬如说，人们可以在甘霖之后祭奠龙王，也可以在求雨不得的时候鞭打督促龙王；可以对狐狸精的故事津津乐道，也可以毫不留情地杀掉狐狸以取皮缝衣。透过中国宗教里种种现象，我们可以发现，这种实用理性与基督教的逻各斯理性差异悬殊，不仅在形态和原理上，而且在所主导的社会文化现象上。如果我们把中国宗教与文化放在实用理性层面审视，那么它也就并不显得乖谬难解了。

当然，实用理性不会导致一种纯粹逻辑的终极追问。它不会像康德那样，为了支撑整个伦理架构，要悬设一个上帝作为逻辑支点，也不会像基督教那样，为了理解整个世界，必须论证上帝的存在。中国的实用理性依据的是一种经验法则。传统社会里县官判案，对于无法查证之事，可以用“妖邪作怪”来敷衍，而且各方基本也不持异议。历史轨迹和文化精神，可能是我们准确理解相关现象的一个可依托的语境。

另外，中国文化里有一个传统，信奉“旁观者清”。这是一种非常虚怀若谷的精神。但是我们在谦逊的同时，对于旁观者之论，如这里的“传教士汉学”一样，当需慎思明辨，于其议论得失，做到心中有数。我的意思是说，文化的优越性和政制的合法性不是一个自足的事物，它们和背后的物质文明发展程度密切相关。

具体说来，欧洲宗教和政制相对于中国文教，其优劣之势的变化，关键可能不在宗教和政制本身，而在于它所关联的社会经济状况的变化。欧洲物质文明的发展，抬升了欧洲政教的地位。这里边包含着一种重大的判断，即政制的合法性与文化的优越性，可能根本上取决于政制和文化的功能实效。如果一种政制和文化，能够协助它的社会经济系统取得优势，则它的合法性和优越性就会增强。为此，我们或许可以进一步地认为，政制与文化的品质，取决于它能否协助其社会经济系统发挥实效。不存在抽象正义的政制，也不存在绝对优越的文化伦理。它们的品质得在具体语境中判断，得依据其功能效果求得答案。

1840 年发生的鸦片战争被看作是中国近代的开端，对中国人来讲这已经成为常识。近代的中国认知与这场战争有关，也与“鸦片”这种特定的物品有关。您能谈谈这方面的看法吗?

有关鸦片战争，国内外的研究成果已非常丰富，在此我不想再去重复。研究中国近代可能有许多视角。有一点需加注意，中国的近代肯定与中国最后一个王朝以及它的结局有关。清王朝的衰落直至崩溃的原因的确很复杂，研究思考的角度也有很多，既可以从文化的深层思考研究，也可以选取政治的、经济的、外交的各个切面作为自己论述的题域。谈到中国的近代史，我们经常会听到清王朝风雨飘摇、内忧外患这样的话，但要找到一个合适的切点进去，却不是那么容易。而对历史的思考和研究需要走进它的内在，不能总在历史之外打转。

中国的近代确实与“鸦片”有关。可以说，正是鸦片这个小小的毒品搅乱了整个帝国，这也命定了中国只能背负着这个麻烦迎接自己不幸的“近代”。

中国原本并不种植罂粟，当然也就不产鸦片。据文献记载，罂粟的原产地是欧洲的希腊，大约在公元9世纪初期，经阿拉伯半岛传入中国。到了宋代，罂粟的医药效用逐渐为中国人所知晓，其果壳和种子可以入中药服用。明代中期，熬制和吞食鸦片的方法由亚洲其他国家传入中国，开始有人吞食鸦片。《本草纲目》有记载："鸦片前代罕闻，近方有用者。"（李时珍：《本草纲目》卷二十三《罂之粟》）清代初期吸食鸦片的方法由台湾传入大陆，18世纪60年代英属东印度公司开始向中国走私鸦片，这也说明了吸食鸦片的人数增多的事实。19世纪开始，鸦片走私猖獗起来，国人吸食鸦片渐已成风，国内开始弥漫着鸦片的气味。清政府开始重视起来，严厉禁止走私和种植鸦片，但收效甚微。为什么会这样呢？

中国流行吸食鸦片大致有两方面的原因。一方面，中国虽然有发达的中医，但总体上仍是个缺医少药的国家，在占人口绝对优势的广大农村更是如此。对农民而言，看病吃药是一笔可观的费用，多数人无力负担，而那些穷苦的农民吃饭都成问题，生老病死也就随意打发了。而且在农村地区，所谓的医生也多是江湖郎中，行医既不需要考试，也无营业执照。只要不弄出人命，行医赚钱就不会遇到太大的麻烦。农民虽然穷，但他们并不傻，有病看医生多数情形是白花钱。而鸦片具有镇痛作用，对那些不具有医学常识的人来讲，鸦片就成了一种万能药。无论哪里疼痛，只要弄上一口就会得到极大缓解。

另一方面，也因为鸦片有医用价值，很多人并没有把它作为有害的毒品，所以在上层社会，使用烟具吸食鸦片渐已成为一种高级的交际手段。而那些一心只想赚钱的商人，见到鸦片生意有利可图，也就纷纷开起鸦片馆来。有关系的生意人谈生意，以及官场上的升迁之事都可以在鸦片馆里进行。一人一杆烟枪，半卧在床上面对面地吸食，这很容易拉近彼此的距离。这跟现在的夜总会、桑拿洗浴的交际方式具有类似性。上流社会的时尚也容易得到下层社会的模仿。在中国下层，那些手头并不宽裕的人，为了能办成事，把人拉进脏兮兮的鸦片馆吸上几口，也算是很高的礼遇，事情当然就容易解决了。两种原因相互交织，吸食鸦片之风能够盛行也就好理解了。

另一面的问题是，像英国这样率先进入工业化的国家，为了销售自己的产品，必然要打开中国这样具有广阔市场的国家的大门。英国无论多么强大、富足，它自身狭小的版图和稀少的人口，使得大机器生产出来的产品无法消化。它必须寻找海外市场，贸易就成了它的生命线。而对于一个农业帝国来讲，英国的工业品并不是必需的，自给自足才是它的目标。相反，中国的丝绸、茶叶、瓷器等物品之于英国，则是它所需求的。两个不同性质的国家之间，贸易的不平衡是自然的，所谓中国的贸易顺差通常指的也是这种情形：一面是中国不想跟英国人做生意，另一面则是英国强迫中国必须购买它的商品。闭关锁国自然不好，但强迫别人买自己的东西更谈不上什么正义，无论这背后代表的是“先进”还是“潮流”。

在这种情形下，英国表现得并不像是个“绅士”。它对自己的东印度公司向中国走私鸦片是默许的，甚至公开鼓励、支持这种行为。清政府意识到问题的严重性，但不是开放国门学习贸易，而是用更加严酷的法律和行政手段禁止鸦片走私，其结果却是越禁越坏。道理很简单，鸦片走私是一个获取暴利的行当。走私贩可以从中拿出一部分可观的数目贿赂当地官员。而对官员来讲，虽然有严厉的法律悬在头上，但高额回报的诱惑胜过对法律惩罚的惧怕。在金钱面前，铤而走险也就不是一件意外的事。于是，法律的惩罚越来越重，走私的成本也就越来越高，被拖下水的官员也就越来越多。清政府已没有了别的招数，只能冒着战争的危险，对走私鸦片进行查抄、销毁。那么，英国人又如何看待这个问题呢?

英国毕竟是个民主国家，遇到重大事情都要在议会的下院进行辩论。这次面对的主题是鸦片。有的议员认为中国应该向英国开放，英国有权利强逼清政府进行贸易。虽然是少数，但毕竟也有这种声音：英国作为一个文明国家，向中国输入毒品是不道德的，应该取缔鸦片而改行其他贸易。当然，相反的意见也是有的：中国人是一个不同的种族，与英国人的生理结构不一样，中国人之于鸦片是生理的需要，正像英国人喜欢咖啡一样，这无关道德问题。

最后，议会以多数赞成的方式通过了对中国的战争。

战争的结果是以中国失败并签署屈辱的《南京条约》而告终。这个冠以鸦片之名的战争，竟然在条约中并没有出现“鸦片条款”，即是说，这以后是终止鸦片走私还是使鸦片贸易合法化，条约并没有写明。然而，中国作为战败国签署条约后，鸦片走私并没有被禁止，反而更加猖獗。对清政府而言，它已没有多少能力去处理鸦片问题了。

随着鸦片输入数量的增加，这必然导致中国的白银大量外流，这对财政本已拮据的清政府来讲，无疑是雪上加霜。因为鸦片问题，中国与英国等国又发生了第二次战争。这次战争照旧以中国的失败告终，而且带来了比第一次战争更加严重的后果，中国的殖民化程度进一步加深。清政府分别与英、法、美、俄签订了更加屈辱的《天津条约》《北京条约》和中俄《瑷珲条约》。随着战争的结束，鸦片贸易的合法化已成为事实，清政府已被鸦片这小小的毒品折腾得筋疲力尽。

这期间，清政府为了防止因鸦片贸易导致白银外流，在执行这些条约的同时，也暗中允许中国本土种植鸦片，以替代进口的需要。这样一来，中国许多地方把本来种植农作物的土地用来改种罂粟。对农民来讲，因为鸦片价格昂贵，种植罂粟比种植农作物划算，所以导致罂粟的种植面积不断扩大，这自然使得农作物的种植面积减少。这带来了严重后果：一方面，英国不断向清政府施压，强逼中国扩大鸦片的进口，白银外流的情形越来越严重；另一方面，随着罂粟的种植面积扩大，导致农作物的价格不断上涨，农民不得不卖掉鸦片再去换回充饥的粮食，恶性循环使贫苦的农民更加贫穷。同时，随着罂粟的种植，农民出于好奇，也因缓解病痛的需要，他们中的一些人包括女性也开始食用鸦片，许多人染上毒瘾，这也使得本不富裕的农民因此倾家荡产。他们中的有些人为了满足毒瘾，走上了盗窃、抢劫的犯罪之路；染有毒瘾的女性为了获取毒资而被迫从事卖淫的行当，这也给社会秩序和社会道德带来了很大的问题。

在这些压力之下，清政府不得不下令减少罂粟的种植面积，以扩大进口缓解外交和贸易上的压力。这种性质的命令又带来了一个新的问题：种植罂粟的面积对每家每户来讲如何分配？每家每户该减多少？这种权力自然掌握在当地的官员手里。一些农民为了多种罂粟，便开始向有关官员行贿。行贿的金额数目不等，数额越大获得的种植面积就越多。而实际上，清政府的这种命令并没有使罂粟种植面积缩减多少，相反却带来了官场腐败的机会。

为此，清廷只好派出钦差大臣到各地进行督察。而收受贿赂的官员一听到风声，通常会向行贿的农民通风报信。种植罂粟的农民则会用农作物的秸秆把种植罂粟的地方遮盖起来。陪同的地方官员因为收受了贿赂，也会把督察的上级官员从罂粟地旁边引开，以逃避检查。而有的钦差大臣本身也会接受当地官员的贿赂，对督察的事项自然是睁一只眼闭一只眼。

“对于这样的一个世界而言……北京的皇帝和宫廷恰如天上的月亮，遥不可及，真可谓天高皇帝远。因此，一旦有人声称是来自京城的信使，那就会受到恭敬的款待，并怀揣着礼物上路。正如史料所示，由于众所周知的险恶政治环境，那个年代的世界谣言不断，而且谣言所致的结果千变万幻：绝对的蒙骗，绝望的不安，以及经常但未经深思的宽恕与慷慨。”[①]这是史景迁（Jonathan Spencer，1936— ）在别处的一段话，放在这里也没感到有什么不妥。

1906年伴随着新政改革，清政府下决心根除鸦片之患。1906年颁布禁烟上谕：

> 自鸦片烟弛禁以来，流毒几遍中国，吸食之人废时、失业、病身、败家。数十年来日形贫弱，实由于此，言之可为痛恨。今朝廷锐意图强，亟应申儆国人咸知振拔，俾祛沉痼而蹈康和，着定限十年以内将洋土药之害一律革除净尽。其应如何分别严禁吸食并禁种罂粟之处，着政务处妥议章程具奏。[②]

① [美]史景迁：《皇帝与秀才——皇权游戏中的文人悲剧》，邱辛晔译，上海远东出版社2005年版，第5—6页。

② 朱寿朋：《光绪朝东华录》，中华书局1984年版，第5570页。

这之后直至1911年辛亥革命爆发为止，清政府又相继颁布了十条禁烟上谕，甚至把禁烟运动的成败与整个立宪改革联系起来："鸦片一日不绝，则立宪一日不成，而中国亦一日不可救。盖戒烟与立宪有至密之关系，尚非他政所能比。"[①]禁烟决心之大，所涉范围之广，前所未有。与此同时，全国各地也纷纷专设禁烟机构，一场轰轰烈烈的禁烟运动就此展开。

"禁吸"是禁烟运动的关键。为此清政府决心从官场开始，以"禁吸"作为整饬官场的途径和手段。清廷除了命令各级官员在规定的期限之内戒除毒瘾之外，也令同僚之间相互监督。然而，后一举措并没有收到什么实效，反而导致告密之风盛行，相互监督变成了同僚间打击报复、整治对手的武器。官场不但没有得到根本的整饬，反而助长了同事之间的不信任和相互猜忌，官场也因此变得更加黑暗。

禁烟运动也使得鸦片的价格暴涨，鸦片走私又猖獗起来；高额利润的驱使，还增加了走私的渠道，俄国的远东地区开始种植鸦片，专向中国的东北地区走私；禁止种植鸦片的上谕虽在全国范围内得到实施，但在边远地区种植鸦片仍然偷偷进行。总体上讲，禁烟运动虽有成效，但并没有逃出上述的恶性循环。鸦片作为一种痼疾，最终搅乱了整个帝国，一个内忧外患的王朝在武昌的枪声中崩溃了。

鸦片毁掉了一个帝国，也损毁了一个民族的道德和精神。中华民族只能背负着这个沉重的包袱，通过不断的革命，走上属于自己的"近代"。这也可以解释，为什么中国人对"东亚病夫"这个称呼总会隐隐作痛，对于毒品这种东西比世界上任

① 《论戒烟与立宪之关系》，《申报》1906年10月6日。

何一个民族都要敏感，对贩卖毒品的行为更是深恶痛绝。从这个意义上说，“鸦片”确乎是中国认知自己的一个重要面向。

中国在走上近代性的路途中也遇到了“民族”问题。民族主义是怎样成为中国自我认同的一种方式的，或者说，民族主义在近世中国何以成为一个问题？

在这里我们可以把论题主要设定在两个层面：一是民族主义本身的问题；二是对中国来讲，民族主义问题的关键点在什么地方。第一个问题可以略谈，重点放在第二个层面。

民族主义表达的是一种政治诉求。当它作为一种政治理论时，其含义并不清晰，同时又与“民族”这个被发明出来的概念纠缠不清。我们在理解这个问题时，通常会以一个习惯性的假定作为前提：有了民族的认知，才会产生民族主义。其实不然：“民族作为天赋神赐的划分人的方式，作为固有的尽管姗姗来迟的政治天命，不过是个神话（myth）；民族主义有时利用先存的文化，把它们变成民族，有时则发明民族，而且经常消灭先存的文化：不管好与坏，这就是真相（reality），而且一般来说不可避免。”[①]简而言之，民族主义并非对“自然的、既定的单位的觉醒和确认”，相反是民族主义创造了民族。

---

① [英]厄内斯特·盖尔纳：《民族与民族主义》，韩红译，中央编译出版社2002年版，第64页。译文有所调整。

按照通常说法，民族主义和民族国家起源于欧洲。[①]法国、英国等政治文化体脱离了中世纪的封建体系，各自谋求自身的独立地位，进而产生了近代以民族国家为基本单位的国家间秩序。然而，纵观欧洲民族主义的前世今生，就会隐约发现，欧洲的民族主义思维是一个自身带有致命缺陷的模式。民族主义在欧洲成了一把双刃剑，它既能催生民族国家的诞生，也能把既成国家的一部分分离出去。欧洲的民族主义至今也没有找到合适的政治体座基。

在古希腊时期，人们在“个体—城邦—帝国—希腊世界—世界”五个层次中游走，虽然古希腊世界力求以城邦为政治体座基，但一遇到帝国战争或与东方人的战争，城邦就失效了，就得寻求其他更大层次的政治体基座。随着马其顿亚历山大的扩张，一个泛希腊化的世界兴起，城邦也就式微了。

到了古罗马时期，“个体—行省—帝国—世界”的结构，使罗马能长期在帝国架构内维持稳定状态，但渐渐地，帝国与蛮族之间以及帝国内部都发生了问题，最终导致了罗马的灭亡。

进入中世纪，“个体—庄园/自治市—王国—王国联盟（神圣罗马帝国）—世界”的体系形成了，庄园变成了主要的政治经济体基座，王国的边界随着君主的联姻、继承等发生着剧烈的变动，欧洲内部处于散碎漂移的状态。一直到17世纪以来，法国、英国等王国渐渐夯实自身结构，变成独立政治体，民族国家才逐渐把封建体系挤崩，进而形成民族国家体系。

民族国家体系的形成，大大促进了欧洲的政治经济发展，

---

① 安德森在《想象的共同体》一书中并不赞同这种流行的观点。他认为民族主义起源于美洲，但他并没有否认民族主义理论兴起于欧洲这一事实。

使其领先于世界。但是随着民族主义的膨胀，各国之间的矛盾也日趋严重，终于酿成了两次世界大战。“一战”后的国际联盟试图化解民族主义极端化的难题，最终归于失败；“二战”后欧盟的成立则有了相当大的成效，但是随着英国的脱欧，欧盟还能走多远，能否真正克服民族主义的难题，还真是一个未知数。

可以认为，欧洲的民族主义只是西方世界历史发展中的一个环节而已，而且还是一个自身蕴含着严重问题的环节。西方人自己已在两次世界大战中吃尽民族主义极端化的苦头。当他们试图以这样一种民族主义思维来解释和指控现在的其他国家时，其身上背负的问题是值得反思的。

中国现代意义上的民族主义发生应追溯到1840年以后，基本上是和中国的“近代”重合的。这之前，中国以“天下体系”的方式自足地存在于亚欧大陆的东端，并在这个体系中处于盟主或“天朝上国”的地位，把自己看作是这个“天下世界”的“首都”。“中国”的这种存在方式持续了一千年以上。传统的天下体系中不可能孕育出现代意义上的国家和民族意识，其思考出发点也不可能是现代民族立场，而是一种儒家化的“普世主义”思维。然而1840年以后，随着一系列“不平等条约”的产生，中国的“天下体系”逐渐解体，中国的“朝贡体制”败北于“条约制度”。

在“条约制度”的框架下，中国屈辱地发现，自己并不是“天下世界”的中心，而只是这个弱肉强食的世界的一员，而且是贫弱的一员。中国也不是“天下世界”的“首都”，只是众多国家中的一个国家，而且是一个低人一等的国家。不管自己情愿与否，中国只能眼睁睁地被强行纳入民族国家体系，而且是作为一个不受尊重的国家而存在。在这种情势之下，中国人不得不进行自己的民族主义思考。可以这样说，近百年来的中国思想者和传统中国的思想者不一样：前者是以国家和民族为起点思考问题，后者是以天下和普世主义为中心建构自己的理论。

思考中国的民族主义有这样一个实质性问题应予以重视：除了与国家独立、民族自强、民族自我意识有关之外，中国的民族主义的关键点是什么？用民族主义来理解中国近现代历程从什么地方入手？

民族主义之于中国意味着对本民族核心问题的思考和判断。一个真正的民族主义者，一定是一个对本民族有着自觉理解的人；一个虚假的民族主义者，必定会失于本民族最核心、最基本问题的把握。

近世以来的中国民族主义主要有两个视角，即“外”视角和“内”视角。“外”视角是超脱国家内部族群的差异性，把因传统、政治、文化凝聚在一国之内的各个族群“想象”①为一个共同体，以应对国家之外“强势民族”所造成的困境。在这个层面上，汉语的“民族”一词应是“国族”的意思。具体而言，当近世以来的中国思想者面对西方列强（也包括日本、俄国等）与中国的不平等关系时，他们自然把对方想象为一个集团，而其名称则是根据自己的情感强度不同，叫作“洋人”或是“洋鬼子”，在所属的国家层面上，叫作“泰西民族”或“西洋民族”。与此相对应的，我们自己当然也被视为一个整

① 这里借用安德森在《想象的共同体》一书中所使用的“想象”一词。他认为“想象”并不是虚假的意思。“民族”是一种现代的“文化”的人造物，但他并不认为这个“人造物”是“虚假意识”的产物，“想象的共同体”不是虚构的共同体，而是一种与历史文化变迁相关、根植于人类深层意识的心理的建构。

体，名称是“中华民族”。[①]

“内视角”主要是由以孙中山为代表的革命党人提供的，他们对“民族”概念主要是根据革命的不同阶段、不同目标而进行定义的。革命初期出于“排满革命”的需要，他们的民族概念主要是从族群性着眼，这与以前“反清复明”这类会党组织本质上没有什么区别；不同的是目标，革命党人的眼界更高一筹，因为他们不是中国明朝的复辟主义者，而是为了建立一个以汉人为主体的新国家。等到满清王朝真的倒下去的时候，革命者也不能让原有的国家疆域缩水，建立一个纯粹的汉人共和国自然是不现实的，于是他们在策略上默许了“五族共和”的思想。所谓“策略”在更大程度上只是装装样子而已。譬如孙中山先生在对少数民族团体讲话时，总是要说到“五族共和”，一旦是“自己人”的场合，他的口吻就变成了强调汉人的责任与义务。孙在晚年曾回忆说，他原本就不同意五族共和这个说法，默认主要是出于形势的考虑。进入20世纪20年代，孙先生和他的同志渐已抛弃了“五族共和”的提法，改称为“中国民族”，其成熟的民族主义思想是以中华民族的强盛为目标的“国族主义”。这也预示着革命者的民族主义“内视角”与“外视角”的合流。

本来，在传统的中国语境里，不存在民族（nation）这一概念。“民”与“族”二者是不同理路上的两个事物。“反清复

① 据学者考析，“中华民族”这个概念大致出现在20世纪初期，是由梁启超首先使用的。他在1901年的《中国史叙论》一文中提出了“中国民族”这一名称；1902年，他在《论中国学术思想变迁之大势》，改用“中华民族”，并着重解释了“中华”二字的意蕴；1905年在《历史上中国民族之观察》这篇重要文章中强调中华民族并非单一的族裔性，而是由多族裔混合而成的国族。

明”并不是西方意义上的民族主义，那只是会党们想象的一个理想化的汉人政权；“排满”的革命者也习惯将自己的革命称作“种族革命”，而非西方意义上的民族主义运动。

所谓民，是一个和“君”“官”对立统一的概念。“天生民而立之君”“民为贵、君为轻、社稷次之”等表明，民是一种先在的政治实体，是“天”的产物。而“君”是一种牧养和教化“民”的职务性、功能性存在。“君-民”“官-民”构成了传统中国基本的政治结构。

“民”是一种普遍的存在，它不被任何政治架构所限制，比如当民不满于他们的“国”时，可以离开他们的国而另寻其他的国。儒家也倡导“怀德以来之”的竞争方式，把其他国的民吸引到自己的国中来。

所谓“族”，是一种包含多个层次的生活单位，有氏族、家族、宗族、部族等。这些单位是自然意义上的，只是表明了人们“聚族而居”的生活状态，并没有建构层面和政治层面的含义。

比较而言，民是政治概念，族是自然和伦理概念。二者是不同层面的事物。

从政治的范畴讲，天下、民、君、官构成了一种普遍的政治秩序，即传统中国大一统的王朝秩序。这种秩序是一种天下秩序、天下体系；民为主、君为客，民之于君，恰如铁打的营盘流水的兵；民是本位性的，君是功能性的。民不会与特定的政治范畴坚固粘连，在大一统之前，民可以在不同的国之间流动、选择；在大一统之后，民可以通过起义的方式重新选择君。

民具有一种“公”的属性，而族则是“私”的表现。在传统中国，族只是一种自然意义上的生活共同体；民和族之间相隔甚远，民的普遍性、天下性也无法容纳族的小集团性。当一个政权以“族”的思维而非“天下”的思维行事时，就会被视为不合法的政权，比如钱穆就把清朝政权视为“部族政权”，即一种私性的、缺乏合法性的政制类型。

细细追究“民”的政治含义，我们可以发现，传统中国的政治观是一种普遍的、天下为公的政治观。它的视域及于所有的天下子民，从来不限于某家、某姓、某种部族，也不可能用“民族”二字加以界定。

传统中国以“民”为政治的核心概念，“君”和政府是养民、护民的功能性存在。为此，古代解决政治问题就往往是“民”的政治出场——起义。“伐无道，诛暴秦”“替天行道”等旗号下的行动主体都是普遍的民。然而，到了近现代，传统价值体系瓦解，中国必须用另外的价值和思想体系来处理政治问题。中国的马克思主义者找到了“阶级革命”这个新路径、新方法。

根据列宁的定义：

> 所谓阶级，就是这样一些集团，这些集团在历史上一定社会生产体系中所处的地位不同，对生产资料的关系（这种关系大部分是在法律上明文规定了的）不同，在社会劳动组织中所起的作用不同，因而领得自己所支配的那份社会财富的方式和多寡也不同。所谓阶级，就是这样一些集团，由于它们在一定社会经济结构中所处的地位不同，其中一个集团能够占有另一个集团的劳动。（列宁：《伟大的创举》）

也可以说，“阶级”是以经济政治地位为尺度，将人划分为剥削阶级/被剥削阶级、资产阶级/无产阶级、地主阶级/农民阶级等相对应的不同属性的经济政治共同体。

中国境内存在着多种族群（ethnic groups），如何处理这些族群间的关系，是中国新民主主义革命过程和政治运行过程中必须面对的问题。中国的马克思主义者坚持以阶级为主导，分析和解决中国问题的路径，而“只讲阶级感情、不讲族群划分”是其主要策略。通过把所有族群都划分为“剥削阶级（压迫阶级）和被剥削阶级（被压迫阶级）”，中国的马克思主义者动员了整个被剥削、被压迫阶级，从而实现了革命和政治目标。

从民族主义的视角出发，我们可以把中国的新民主主义革命看作是一种多族群的阶级革命，其主旨就是唤起国内各个族群共同的“阶级意识”，构建一个超越族群的新型共同体。这个新型的共同体，首先被预设能够在两个层面发挥作用：一是解构中国传统的乡土观念以及与之相联系的“地域情感”。在传统的中国社会结构里，一个山东人在异乡见到另一个山东人，因为乡土的归属感——与其他省份的人相比——容易走近而结成“乡情共同体”，说得直白一点也可以叫“圈子”。而“阶级共同体”的区别在于，一个山东的贫农在异乡遇到一个山东的地主，并不比遇到其他省份的一个贫农更为亲近，因为后者才是自己的“阶级兄弟”；二是降低族群之间的差异性。其原理与第一个层面类似：一个藏族的农奴在家乡遇到自己的主人，与遇到一个贫苦的汉族同胞相比，后者更容易被认同为“自己人”。在革命的那个年代，西藏的解放，百万农奴翻身的喜悦不全是文艺的创作，也是写在穷苦人的脸上的。从这个意义上说，新民主主义革命的过程，也是全国境内各族群相互融合的过程。

几十年过去之后，我们回过头来细细反思这种以阶级思维方式处理族群间问题的思路，或许能够发现它启人深思的地方。

首先，相比于族群的自然血缘特征，阶级是一种反思理性的概念。如果说族群思想是一种自发无意识的认知，那么，阶级概念则是一种通过反思和理性建构而形成的有意识的认知；阶级分析方法是一种理性的思维体系，它以理性的力量穿透了自然情感所形成的族群观念。如果强调族群，则是在强调自然血缘关系；如果强调阶级，则是在强调理智的建构性关系。对中国而言，阶级概念的引入，有着强烈的近现代政治的意味。

其次，阶级思维和族群思维是两种性质不同的思维方式。它们之间的博弈，既是思维方式之间的较量，也是支持思维方式的社会经济模式之间的竞争。这需要透过阶级、族群等思维方式，去追究背后的社会经济模式；当社会经济模式变了，相应的思维方式的效能也会发生变化。比如在提倡阶级思维的时候，如果没有政治经济措施来支持这种概念的运行，这种思维就可能会沦为一种话语层面的空洞之物，事物自身会沿着另外的轨迹运转。

因而，我们在反思这段以阶级思维处理族群问题历史的时候，对其中所蕴含的机制、社会经济条件等，都值得做一些冷静、细致的分析，其功过得失，也应该被透彻地认识。

1949年中华人民共和国成立之后，因中苏之间的特殊关系，中国共产党领导的共和国强化了对苏联的学习与模仿，而上述问题也随之发生了微妙的变化。苏联处理族群间关系的所谓“民族主义”也被引进中国了。

正如上言，在新民主主义革命时期，国内族群本身是不被强调的，而现在国内族群问题，则被苏联的“民族主义”模式强烈地塑造着。在这一过程中，中国展开了民族识别工作，以确定各个族群的民族身份。这是一个引人注目的变化：从革命时期强调“阶级意识”“阶级共同体”，到中华人民共和国重视国内各族群的差异性的转变。①

然而，苏联的“民族主义”并不是中国的问题。苏联本来是一个政治联合体，由各民族加盟而形成。在塑造苏联的过程中，斯大林把欧洲的民族主义概念化、范式化了。他以共同的语言、共同的经济基础、共同的地域和共同的文化意识为要素界定民族，在识别民族的基础上，又通过“民族自决”和“自主加盟”的方式来解决民族联合、组建政治共同体的问题。

在所谓民族问题上，苏联与中国有着完全不同的背景。作为一个国家，苏联是在近代基础上才形成的、以政治力相整合的一个政治体，其内部的文化和历史联系要弱得多，而中国则更多是一个历史文化共同体，内部各族群的历史渊源极其厚重，民族间的交流与互动也是自然形成的。就稍近一点地说，自清代康熙皇帝以来，中原和边疆各少数族群的关系就逐步从政治、历史和文化的方面得以确立和巩固下来。传统中国文化中“天下一家”的概念对境内各个族群的相互融合产生了重大影响。历史、文化所带来的各族群的融合，正是苏联这种新型联合体所不具有的。

当然，这是一种修辞化的说法。用另一种不那么修辞化的表述就是，苏联是近现代俄罗斯大国沙文主义的产物，而中国是历史文化发展的自然结果。在学术方面，民国时代中国就有

---

① 有关中国的民族识别问题，可参阅费孝通《关于我国民族的识别问题》，《中国社会科学》1980年第1期。

“边疆政治学”这一立足传统智慧的学科，它以传统政治经验为基础展开分析阐释。

李泽厚先生说，救亡与启蒙是中国现代的两个基本主题。在您看来，救亡与启蒙这两个似乎有些矛盾的概念，是否确实贯穿于整个中国现代史？

李泽厚的《启蒙与救亡的双重变奏》这篇长文最早是发表在《走向未来》1986年的创刊号上，后又收录在他的《中国现代思想史论》一书，并作为该书的首篇。①这篇距今已有三十余年的文论在中国当代史上的价值是不言而喻的，无论文中的观点对错与否，它都从不同的层面影响了我们这一代人文社科的知识者。今天重提这篇文字，首先是为了向李泽厚先生表达一个法科后辈对他的敬意。

我不想在此详细评述这篇三十年前的文字，因为用三十年后的眼光去评论三十年前的东西，多少有些不公平。下面的文字主要是由该文所引发的一些不成熟的想法，这些想法自然也会关涉到“启蒙–救亡”这个分析框架。

我总觉得对一部复杂的中国现代史来说，使用任何一个二元对立的分析框架都不太合适，无论是“启蒙–救亡”范式，还是“激进–保守”模型。这样的框架很容易使问题简单化、

① 李泽厚的《中国现代思想史论》一书初版于1987年，由东方出版社出版，2008年由生活·读书·新知三联书店再版，并在书的首页上附有作者于1986年秋与梁漱溟先生的合影。

范式化。历史自身并不具有范式的意义，都是历史之外的人加上去的。这样的框架，说到底是理性的、冷静的、有所希求的，抽身于历史之外再说历史，或者说“反思”。“反思”历史的人，无论怎样敏锐，历史还是照它的样子发生。任何对历史的反思都加上了反思者自己的意图，只是这种意图被“历史之外”的冷寂理性遮蔽着而已。任何对历史拐点的遗憾都是基于对现实的某种判断。历史本身是客观的，而“历史范式”都是主观的。抽象历史范式的过程本身就带有悖论性质：范式的形成都是在历史的某一个阶段完结之后，这种“事后性”的说明并不是对这一过程的客观记录，而是从某一“定制的原理”出发对这一过程的重新整理。它本身就内含着“历史之外”的理性立场与“历史之外”的主观建构之间的冲突。

在方法论上，这种二元对立的结构也并不是历史本身的构成方式，而是对历史的人为设定。历史本身是一种复合性存在，它永远都不会以清晰的二元对立的两极呈现出来。二元对立都是认识历史的人自己设定的视角。这样一来，就很容易将历史复杂的因素进行二元化处理，将历史的一些给予“希望那样”的一极，而把剩下的一些分配给“遗憾”的那个。历史的范式就是对历史本身的剪辑，这是不能否认的。

一切应然之物都不是未来必将出现之物，应然之物有价值但无法投放于历史之中。

而另一方面，历史又是以它死去的样态存在着，而历史观察者、研究者的观察、研究就是把历史唤醒。这是观察者、研究者的使命，也是他的工作方式。那种排除了历史观察者的主观意图，历史才会呈现它真实的面目的客观主义者既不切合实际，也多少有点自欺欺人。历史永远都不会以它整全的面目显身，留下的只是它的残骸。而历史的观察者、研究者也只能依据这些残骸，用“拼凑的方式”让它活过来。譬如：

※档案。档案躺在“档案馆”里，就是一堆死物，意味着它已经“博物馆化”了。而观察者、研究者把它打开，便成了一种“对话”：既与档案对话，也与档案的记录者以及与自己对话。这里没有纯粹客观的东西：就档案自身而言，记录者怎样记录，用什么方式记录，哪些应该进入档案，哪些应该排除在外，都带着强烈的主观色彩。一个简单的例证是，在国民党的档案里，1911年的“武昌事件”被记录为“武昌首义”，而在清廷的官文里则是“武昌叛乱”。而档案的阅读者如何理解档案也存在上述有关语境部分所说的“视域融合”问题。

※事件。历史事件总是指向过去，否则就构不成“历史”二字。观察者或研究者，无法做到还原历史事件的客观真实，只能凭借事件的线索或残留物“重构”事件——“重构”这个词若显得太过主观，换做“重述”这个词好了，其原理和操作方式却是一样的——以实现对这一事件的可理解性。对于历史事件的研究不存在本体意义上的“真假”，只有“合理”与否的判断，否则同对一个历史事件的“义和团运动”的研究，其差异性就不会有如此之大了。

※人物。历史人物本身就是一个主观性的存在，我们无论借助于何种工具和手段，都不可能复原一个历史人物实体性的身像。人物史研究所依赖的主要材料是被研究者所留下的文字，包括著述、书信、日记等，除此之外并无更为可靠的东西可以依凭。然而，人物的著述并不等于人物本身，其真实的思想和情感既可能在文字之中，也可能在文字之外——人物的“外语境”始终是存在的；无论再亲密的关系，通信人也不会把自己的心事和想法向对方和盘托出，即便坦露心声，也会在文字表达时，注意选择“恰当”的字词。当收信人收到这些

文字时，写信人的实像已经经过了写信人以及时空传接的过滤。与此相比，日记可能是最能反映人物真实的文字。可谁都知道，所有记录自己的真实都是经过自我选择的，日记的记录者在书写时一般都能预见到日记公开的可能性，因为日记并不全然是写给自己的，历史人物的日记能够见世并不是他死前的疏忽，而是愿意让人看到。由此也可以说，即便再敏锐的观察者、研究者，也无法为读者提供一个绝对客观真实的历史人物构图，只能凭借人物留下的文字、照片、影像等进行“自我”解读，呈现出一个相对意义上的、不断逼近历史客观性的画面。所以，研究鲁迅的专家肯定不只一个，而是一群人，他们既相互交锋，也相互认同。

※景观物。除上述而外，历史会留下它的残骸，这构成了读解历史的特定物象，如建筑物、考古发掘的物品等等。这些景观物并不是历史自身，只是历史的残留而已。无论专家还是普通人，在遭遇故宫之前，故宫只不过是一个死寂的建筑群。但当其目光驻留它上面时，这本身就构成了一种对话关系，通过相互不断的凝视而达成理解，并把这种理解注入每一片砖瓦之中。景观物只有变得能够被理解时，才构成历史。历史因为它的残留物而被灌于后人的理解之中，它自身必然也带着活人的偏见。

不管怎样，历史都不会遂活人所愿，它有自己曾经的活法。与其责怪它，还不如走近它，亲近它。哪怕是虚拟意义上，也要进入它自身，与它为友，把握着自己的脉搏倾听它的心跳。让历史同情阅读者的处境，阅读者也虚心倾听历史的低语。这便是所谓历史的“代入感”吧。

具体到“启蒙-救亡”图式，让我感兴趣的是这个框架的使用。我认为，任何二元对立结构范式的成立都以概念的重新赋义为前提。马基雅维里在《论李维》书中有关“命运-德性”的德性概念如此，“启蒙-救亡”的启蒙和救亡概念也如此。在中国文化传统意义上并不存在“启蒙”（Enlightenment）这种观念，括弧里的英文这个词语的原意是“点亮”“掸去灰尘”。康德在回答“何为启蒙运动”时说：

> 启蒙运动就是人类脱离自己所加之于自己的不成熟状态。不成熟状态就是不经别人的引导，就对运用自己的理智无能为力。当其原因不在于缺乏理智，而在于不经别人的引导就缺乏勇气与决心去加以运用时，那么这种不成熟状态就是自己所加之于自己的了。Sapere aude！要有勇气运用你自己的理智！这就是启蒙运动的口号。[①]

在康德的概念里，启蒙意味着自我克服“不成熟状态”的一项伟业，而这种不成熟状态之所以能够克服，是因为自我的原体是具有理性光源的，现时的自我只是理性之光已被遮蔽、蒙上了灰尘而已。启蒙就是掸去灰尘，用理性之光点亮自己，或者说启蒙就是自我除却偏见与愚昧。它不是通过“别人引导”而开启理性之光的，而是自己照亮自己。换言之，非要经过别人的引导才能运用自己的理智，这不是启蒙，恰是被康德看作人的“不成熟状态”的表现。

《启蒙与救亡的双重变奏》所使用的“启蒙”概念是被作者重新规制了的，它指向的是中国20世纪由《新青年》导引的文化事件。具体说，启蒙是从两个方面被界定的：一是指中

---

① [德]康德：《历史理性批判文集》“答复这个问题：‘什么是启蒙运动？’”，何兆武译，商务印书馆1997年版。

国职业知识分子对启蒙运动以来的西方文化的接纳（但不包括西方革命层面的文化）；二是对中国以儒家为主线的文化传统的批判。而任何与“政治”有关的知识活动则被剔除于这一概念之外。很显然，这些大学校园和书房里的职业知识分子所做的，并不是康德意义上的“启蒙”，而是用启蒙运动以来的西方文化装备好了自己，成就了一个已被西方文化俘获了的完满主体，然后带着强劲的“西方理性”歌颂人权、民主和自由，批判中国传统，并以这种方式为大学围墙里的学生和墙外的民众“启蒙”。即是说，他们与他们的知识对象在智识上并不是平等的，而是一种“施”与“受”的关系。这里的启蒙更像是“教化”。

在中国文化传统里，教化的主体占有绝对的知识优势地位，而被教化的则是处于弱势地位的那些人，他们不是西方意义上的“人”，而是中国意义上的“民”。“民”并不是一个具有理性光源之体，而是一个不靠别人“引导”（准确地说是教化）就永远处于混沌状态的不觉者。在中国文化传统中，“民”有许多同源字，都有“迷蒙和混乱”的意思，如“泯”“惽”等，甚至作为玉的“珉”也往往被称为假玉，它们缺少真玉的光泽，因而君子对此不屑一顾。（参见《荀子·法行》）几种古代经典还定义民为“冥”或者冥的同源字“瞑”，即黑暗和混沌的意思。

董仲舒说过：

> 民之号，取之瞑也。使性而已善，则何故以瞑为号？以者言，弗扶将，则颠倒猖狂，安能善？性有似目，目卧幽而瞑，待觉而后见。当其未觉，可谓有见质，而不可谓见。今万民之性，有其质而未能觉，譬如瞑者待觉，教之

然后善。当其未觉，可谓有善质，而不可谓善……民之为言，固犹瞑也，随其名号以入其理，则得之矣。（董仲舒：《春秋繁露·深察名号》）

西周文字中的“民”是指瞎了的眼睛，因为它没有瞳孔。民是缺少眼睛中最重要的部分——瞳子——的人。段玉裁认为，《说文》把“民”定义为“众萌”，特别用了“萌”字以表示精神上的黑暗和无知。“萌”字的第二个意思是“发芽”，这和董仲舒把民说成可以唤醒的沉睡着的人是一致的。①

而《启蒙与救亡的双重变奏》所使用的启蒙概念，以及用这一概念所解释的问题，或多或少便杂有这种味道。简而言之，这个概念离中国文化传统里的教化，比离康德的启蒙更近。

与此相反的是“救亡”。它在文中一直作为一个“行动”的概念被使用，但不能把所有被排除在启蒙之外的行动都归于“救亡”概念之中。就近现代的中国历史而言，1840年以后直到甲午战争，中国的行动和实践一般被界定为“自强”，而不是救亡，中国的政治上层如此，士大夫知识阶层也如此。因为当时的中国虽然两次鸦片战争都以失败告终，殖民化程度加深，但并没有遭遇“亡国灭种”的危险，而且通过洋务运动，清王朝确实也有了“中兴”的气象，这是当时政治精英、智识精英的基本共识。“救亡图存”的压力，是始于中日之间的甲午战争。中国败于东邻的小国日本，朝野才真正感受到了民族

---

① [美]郝大维、安乐哲：《孔子哲学思微》，蒋弋为、李志林译，江苏人民出版社1996年版，第104—105页。

和国家的生存危机，于是才有了康有为的“公车上书”，以及随后的“戊戌变法”。

而清王朝的崩溃、中华民国的建立被视作一个新生国家的开始，并不是严格意义上的“救亡”。中华民国确实带来了纷杂的乱象，也主要还是集中在国家内部，是政府层面的体制安排问题。无论哪个派别主掌中央政府，中华民国的名号必须维持，虽然曾发生过复辟事件，但业已证明那只不过是一种愚蠢的行动而已。这些都是基本的历史史实。

中国近代史上，从1931年的“九一八”事变，中经1937年抗战的全面爆发，直至1945年抗战结束，这是自鸦片战争以来中华民族遭遇的最大生存危机，这种危机感后来被作为国民的共识写在中华人民共和国的《国歌》里。这期间所发生的革命，与救亡也不是一回事。第一次国共合作，是革命并不属于救亡，它指向一个共同的革命目标即打倒军阀。合作破裂之后，中国共产党人被迫走向了独立革命之路。随着抗战的爆发，国共再次合作这是因救亡而促成的，自然属于救亡的范畴。救亡和革命属于两个不同层面的问题，其关系有时相依相存，有时又是各自独立。不能将两者混融一体，任何概念外延的扩大并不会增强，而是会削弱这一概念的解释力。

中国的近现代史各种因素相互交织，从中抽象出任何一个清晰而恰当的分析框架都是困难的，也未必是合理的。一种审慎的做法是重视历史因素之间的关联性。关联性的寻取就是把历史的观察和研究做成“学术”，而不是处理成一种反思性的历史哲学。

毫无疑问，以《新青年》为主轴所导引的文化事件是有意义的，这种意义不单集中在这个文化事件自身，而且也关联到被归于的“救亡”概念。就这个文化事件而言，如何为它命名就是一个棘手的问题。

“新文化运动”是它的普遍叫法。而实际上，“新”字并不能准确表达它的意义。这里的“新”不是时间意义的，而是一个带有价值指向的词语，言指的是西方文化，并把这一文化赋予了“新”的涵义。当然，“新”还包括了对中国文化传统的否定态度。

这一文化事件也被称作中国的“启蒙运动”，这暗合了《启蒙与救亡的双重变奏》的书写策略。

它也被赋予了“中国的文艺复兴”的称号，但相对来讲这种说法并不算主流。一个以批判自己的文化传统为指向，以借取别人而改变自己的做法被冠以“中国的文艺复兴”总是觉得怪怪的。

还有一个不太引人注意的称谓是“文化的外借运动”，这个表达可能因为过于直白、不带有任何价值取向而容易被人忽略。而这种大白话的表述更能准确地说明事物的性质，“外借”就是“外借”，而且外借的东西在自己的土地上难以扎根也属正常，没有什么不好意思的。

这些名称上的差异，说明了这一文化事件意义的多歧。“启蒙”也只是这多歧的意义中的一种而已。说它是一种“外借运动”，言明的是这样一种事实——大学校园和书房里的那些中国职业知识分子，他们对西方文化的“外借”是基于这样一种状况：因为熟悉曾经留学的国度再加上自己读到的西方书籍，他们是很容易把异国他乡以及书本里的“人”等同于自己，而对来自西方有关“人”的许多东西，如理性、人权、民主、自由、法治、解放等，自然会认为那也是自己应该拥有的。结果“人”被抽象化了，“人的东西”也随之被普遍化。而事实上，除了大学墙内的他们和自己的学生与此有些相似之外，墙外占人口绝大多数的中国普通民众并不属于这类“人”的范畴，而“人的东西”也不属于他们，他们也并不急求这些东西，或者更悲观地说，他们对此不感兴趣。

说到底，人的启蒙、个人价值这些东西——在中国——也只是中国大学校园和书房里的生成物而已，它们离实际的中国民众很远。而对那些“被唤醒”了的大学校园的学生而言，他们不会止于“被唤醒”的状态，必定会把自己的激情付诸行动。这也是大学生和大学教授的不同：前者会把自己的理想化为实践，而后者则很难离开自己的讲席或书房。陈独秀、李大钊可以成为革命政党的创立者、领导者，但他们一般不会为此跑到山上打游击，其活动范围还是属于理念那类东西。而这些青年学生则有的离弃了传统家庭，寻取自由的爱情和婚姻，有的建立起“工读互助团”“新村运动”等带有乌托邦性质的组织和行动，以践行自己“被唤醒”的那些东西。

由“文化外借”所激发的这类行动是否行得通，却始终是个问题。这绝不是“救亡压倒启蒙”，而是“文化外借”本身带来的困境。作为“启蒙者”的鲁迅很早就敏锐地提出了《娜拉走后怎样》这种忧虑，而结果却是“有的高升，有的退隐，有的被黑暗吞噬，有的成了黑暗的一部分……”这也证明了“梦是好的；否则，钱是要紧的”。所以鲁迅说：

> 在目下的社会里，经济权就见得最要紧了。第一，在家应该获得男女平均的分配；第二，在社会应该获得男女相等的势力。可惜我不知道这权柄如何取得，单知道仍然要战斗；或者也许比要求参政权更要用剧烈的战斗。

这期间，中国的职业知识分子和青年学生，又经历了“巴黎和会”这让中国知识分子深感耻辱的事情，以及苏俄十月革命胜利这又让中国知识分子深感振奋的事件。把解决“经济权”看作最终解决中国问题的钥匙，成了许多中国知识分子的共识。于是，他们走出校园，进入革命队伍，用符合大多数普通民众诉求的方式，启发他们革命的觉悟。通过改变经济基础而实现社会结构的根本性变革，成了中国一大批知识分子的“新启蒙”。

如果非要将这种转变划归“救亡”的范畴也未尝不可，问题是，这样的“救亡”并不是在拯救那个现存的国家，而是旨在建立一个新制度、新国家。这样的“救亡”更像是中国式的“启蒙”。

我的意思是说，中国现代历史的衍变有许多相互关联的因素，把这些因素强行掰开，做成一个分析框架并不恰当。而寻取历史的关联性，可能是贴近历史、同情理解历史的一种合理做法。

V

江湖：一种理解中国的方法

在您的作品里，或者您的学术讲座中，常常会出现“江湖”这个词。

这个问题潜入心里由来已久。这里，我们暂且撇开学科上的分类，单从一般的智性上来聊聊，你便会发现：在中国，无论是做政治学、法学还是社会学研究的，研究者似乎都无法把来自于西方某个同行的分析框架、思想体系、研究模式原封不动地作为研究中国问题的方法或范式，运用中都不得不从“中国”出发进行某些修正，甚至“变形处理”。

之所以会出现这种状况，说得大一点是因为“文化”的差异。当然，我也知道类似于“文化”这样的大词在叙述问题时尽量要少用或者不用，用多了会降低问题讨论的严整性。然而，一个事实始终是存在的：孔子不会像亚里士多德那样思考，反过来也一样。文化差异说到底是来自于各自社会结构、组织以及运行方式的不同。

近代以来，中国人可以在不同于西方意义的基础上接受西方文明，无论是物质的、精神的，还是规则的，但它们都是在中国社会里被“接受”的。“中国社会”是中国人生活意义之场，也是中国人活动的自身。作为中国人，无论你对这个社会态度如何，愿意与否都得进入这个场域，离开它便无处可去。社会塑造了事物的价值和意义，同样一条规则，在西方社会里的意义肯定不同于在中国社会。

自近代以来，中国人不但能够理解西方的规则，而且也在不同程度上予以了接受，譬如法学上的“权利”“义务”。问题是，在我们中国社会的日常生活中，是权利义务规则作用大，还是根植于我们社会里的那些不成文的“规矩”更有效用？

在一个把区分“熟人”与“生人”作为社会基本结构的社

会里，“权利与义务”规则的作用主要是书面的，在打官司的时候能遇到它，而日常的人与人交往相处，这种规则的效用则是另外一回事，而且经常会被各种“规矩”加以稀释。如果要用一个词语来界定中国社会的特点，那便可以用“江湖性”来表达。这也是我们为什么要谈江湖的原因。

政治学和法学往往从正式制度的层面来理解中国，而社会学则力图穿透这些正式制度去把握实际运行着的各种机制。对于中国这个存在着大量“法律移植”“制度移植”的国家来说，社会学的方法或许更能贴近社会政治实况。“江湖”的立场可能非常类似于社会学的立场?

政治学、法学从专业角度说，可能更注重于“正式制度”层面的问题，社会学当然偏重于“社会”。然而，在“江湖”这个话题上，它们之间恐怕首先要“拆墙”，而不是“砌墙”，“江湖”是共有的，应向所有专业开放。社会学家自然居于专业的优势地位，否则费孝通先生的一个“差序格局”也不会成为中国社会科学领域的经典，然而“旁观者清”这句俗语还是有效的。不同的知识背景和视角都蕴含了自身的智性和眼界，“取长补短”这个老词仍有价值。

我查阅了一些文献，学者们在界定江湖这个概念时，常常会把它分析为三层意思：一是带有道家隐逸味道的山泽湖

泊；二是由流民组成的处于边缘地带的各种民间结社，如清代的“红花会”，民国时代的“哥老会”等；三是由“义气、兄弟、自己人、圈子”等要素综合指涉的某种亚文化。您自己是如何理解江湖这个概念的？

记得香港一个电影[1]开场有这几句台词：“你们听过江湖这个地方吗？别想从地图里找，你们一定找不到。江湖是一个不讲法律的地方，这里只有规矩、道义和恩怨。其实不同的人有不同的江湖……”从研究的角度讲，“江湖”一词涵摄的内容较广，可以在不同层面上加以运用。

“江湖”首先是作为自然地理概念存在的，所指的是地理空间中的江河湖泊。这一义的“江湖”最早可见于《庄子》一书，书中大约有七处用到这个词，其中人们最为熟知的是“泉涸，鱼相与处于陆，相呴以湿，相濡以沫，不如相忘于江湖”。（《庄子·大宗师》）应注意的是，在《天运》篇中这段话又被重复使用，这也可说明它的重要性。而在《庄子》文本更为靠前的篇目里，还有这样一段话：“今子有五石之瓠，何不虑以为大樽，而浮于江湖，而忧其瓠落无所容？”（《庄子·逍遥游》）

张远山先生对此有如下评说：

> 庄子与韩非子是针锋相对、不共戴天的两个先秦思想家，尽管庄子死后数年韩非子才出生。但他们两个人的巨大天才，造成了中国两千年历史中最大的两种力量：庄子左右了江湖文化，韩非子主宰了庙堂政治。……与庙堂

① 《江湖告急》，林超贤执导，梁家辉、吴君如主演，2000年上映。

> 相对的“江湖”一词也源于《庄子·内篇·逍遥游第一》的这个大葫芦寓言。被人视为“江湖”一词出处的“相濡以沫，不如相忘于江湖”，倒是出自《庄子·内篇·大宗师第六》。两个“江湖”虽然语义相近，毕竟还是第一个更符合后世通用的“江湖”。（张远山：《“江湖”的词源》）

张先生给出的解释只能说明“江湖”一词与庄子本人的关系，而无法直接证明《庄子》文本中的“江湖”一词哪个更符合后世的江湖概念。从“江湖”一词的对应关系上（即对应人还是对应物），更不能直接推论说只有“大葫芦”寓言才符合人的江湖。《庄子》重要的思想方法是“类比”，当它用物做类比时，往往讲的是人的道理，人在修辞的意义上并不比物更具优越性，这是《庄子》一书的特点。

我的意思是说，与其在《庄子》里哪个表达更符合后世使用的江湖概念这一思路上用力，还不如下点功夫想一想为什么《庄子》是后世江湖概念的真正起源。这个问题的最有力证据是《庄子》一书在时间上的优先性，这一点容易理解；难的是《庄子》里的江湖词语与后世江湖概念之间的关系。

其实，张先生的论说点破的恰恰是这一点，但没有真正证明它。《庄子》不但是“江湖”一词的发明者，而且从发明开始就与后世的“江湖中国”具有一种内在性的关联。这种关联不是存在于“大葫芦”的寓言里，而是隐于《庄子》言说“江湖”的语境中。不能否认，《庄子》的“江湖”其直白意思说的是地理意义的水域空间。然而，为什么《庄子》非要用这片水域作为论说的要旨？

有一点是肯定的：“江湖”的意象完全不同于陆地。与陆地（庙堂）相比，它是孤寂的：远远的一片水域，除了几条渔人的小船、游动的鱼儿，少了陆地上为名利忙碌的身影，呈现的是隐逸、清静的境界。无论庙堂还是乡野，人与人都被捆绑在既相互依存、又相互分离的人际关系中。与此相比，江湖之水则是悠游自得、自由自在之所，这里既不需要忠君爱民、父慈子孝，也无须相敬如宾、兄友弟恭。“相忘于江湖”，首先得“两两相忘”。陆地是裸露的，无论是高山还是平地，都能被一览无余，即便行路坑坑洼洼、凹凸不平，人们也会绕着走。相反，江湖之水则是隐蔽的，无论它怎样清澈，人们也不敢一脚踏进，“深不可测”是它的真面目。

地理意义上的江湖得之于《庄子》超强的言说能力、诗性般的想象，在《庄子》文本里渐渐脱离了它的纯粹自然之性，蜕变为与现实世界相对应的一个“异类空间”。

若再把这个异类空间细分的话，那大体上就有了你所提到的那几层含义。在陈平原先生的《千古文人侠客梦》一书里，带有道家隐逸、遁世之义的那个空间不被称作“江湖”，叫“山林”。从性质上说，“山林”也只是“江湖”的别称，是“无水域”的江湖而已。这个江湖也包括自古就有的由“侠客群体”组成的侠客世界。当然，“江湖”也涵括了居于社会边缘的游民群体的结社，即“帮会”。

江湖概念还在另一个层面上被运用，它指涉了文本空间、镜像空间与现实空间的区别。在前一种意义上，江湖是一种艺术构型，存在于小说与影像之中，如武侠小说、《水浒传》等，以及像香港的武侠电影、黑帮电影皆属此类；后者言指的是现实世界所存在的一种特定“异类空间”，如你所提到的清代的“红花会”、民国时代的“哥老会”等。这两者在下面的话题中会被提到，但不是我们谈论的重点。

从社会学的视角看，你所说的文化层面上的“江湖”才是焦点，但我不能确定是否可以用“亚文化”这样的概念界定它。如果以正当性、合法性为判准，那么中国传统社会的儒家思想体系、伦理规范，以及以这一思想体系与伦理规范为基础而形成的皇权官僚制度就处在一种官方的、正式的文化层面，而作为隐蔽的、非正式的“江湖道义”“江湖规矩”就自然处在“亚文化”的层次。如果以社会的功能为标准，那么，那些官方的、正式的典章制度未必就比那些非正式的、沉积在中国人心理层面而不是写在纸上的、诸如“熟人”“自己人”“圈子”这些“江湖规矩”更有实际功效。从这个意义上讲，“江湖中国”就是一种实际存在的文化形态。

应说明的是，江湖概念并没有一个共识性的标准，研究者可以借用它来表达各自的问题。这从一个方面说明了这一概念在表达中国问题时所具有的指涉能力。“有人的地方就有江湖”这句话就是它不断被泛化的一个表征。

您在《桃李江湖》这本散文集里写道：“‘中国’是个奇妙的地方，壮士登高喻之为神州，英雄落难视之为江湖。思中国也就是想江湖。”这段话里，“中国”和“江湖”有了某种勾连，这具体是一种什么样的关系呢？

那是借用了余光中先生《从母亲到妻子》文中的句子。因为喜欢，不妨把余文中的那段话抄写在这里：

> 大陆是母亲，不用多说。烧我成灰，我的汉魂唐魄仍

> 然萦绕着那一片后土。那无穷无尽的故国，四海漂泊的龙族叫她做大陆，壮士登高叫她做九州，英雄落难叫她做江湖。不但是那片后土，还有那上面正走着的、那下面早歇下的，所有龙族。还有几千年下来还没有演完的故事，和用了几千年似乎要不够用了的文化。我离开她时才二十一岁呢，再还乡时已六十四了："掉头一去是风吹黑发/回首再来已雪满白头。"长江断奶之痛，历四十三年。洪水成灾，却没有滴溅到我唇上。这许多年来，我所以在诗中狂呼着、低呓着中国，无非是一念耿耿为自己的喊魂。不然我真会魂魄散，被西潮淘空。

余先生这段话的意思毋庸我多说，大家看得明白。"九州"与"江湖"的对峙，坦露的是余先生的游子情怀。而透过诗人的诗语，我们也能够从这位游子身上看到他对"中国-祖国"两个面相的体认。一个是原乡性的、正式的、合理性的空间，如果自我是这个空间的（合格的、重要的）主体，那么，这个空间就可以被命名为一个符合自己身份的官方名称：九州、神州、华夏等；相反，自我因缘际会如果没有成为这个空间的主体，像是一个被抛出轨道的小星体，落败、流亡——通常不是源于自我能力欠缺，而是因为正直、能干、受谗言、遭妒忌——那么，这个遭受苦处的一隅便是"英雄无用武之地"的空间，而它的恰当名称就是江湖。

"九州"与"江湖"的确是中国面相的一种构形，只是这种构形不能单从空间主体的成败来认知。"中国"这样的一体两面的特性，还体现在空间主体身份的二重性上。一个持有官方身份的人，必须依据国家法度和规则履行他的官方职责。但他在官方场域里又会同时遇到"生人"与"熟人"的区别，遇到同乡、同学、师生、亲戚、朋友、老上级、老部下与“无关系人”之间的差异。他一方面必须照章办事，另一方面对“自己人”又不得不采取“通融一下”的灵活态度。当官方身份与“私人关系”发生激烈冲突时，他便会站在“神州大地”（庙堂）发出“人在江湖身不由己”的喟叹。想想也是好理解的。

“江湖”作为一种土生土长的中国概念，它肯定存在着自己的文化背景。然而在试图理解这个概念的文化背景时，我陷入了巨大的思想困惑。一方面，江湖和庙堂对应，是一种非主流的、边缘化的处境，它和道家那种遁世、隐逸的思想氛围很契合；可另一方面，从江湖文化之典范的《水浒传》里，我又发现，江湖与儒家主流文化似乎也很接近，如其中的忠、义、替天行道等要素，几乎都是儒家思想。为此，我虽然知道“江湖”是一个典型的中国式词汇，却无法把它放在中国思想谱系里进行令人信服的分析。您是如何理解“江湖”与中国传统文化之间的关系的？

你上面的这段文字包含的面广，要说的话自然就多了些。这可以从社会结构与传统文化两个层面来谈。

关于中国的传统社会结构，费孝通先生《乡土中国》中的以下两段话常被人引用：

> 西洋的社会有些像我们在田里捆柴，几根稻草束成一把，几把束成一扎，几扎束成一捆，几捆束成一挑。每一根柴在整个挑里都是属于一定的捆、扎、把。每一根柴也

> 可以找到同把、同扎、同捆的柴，分扎得清楚不会乱的。在社会，这些单位就是团体……我们不妨称之为团体格局。
>
> ……我们的社会结构本身和西洋的格局是不相同的，我们的格局不是一捆一捆扎清楚的柴，而是好像把一块石头丢在水面上所发生的一圈圈推出去的波纹。每个人都是他社会影响所推出去的圈子的中心。①

费先生的这些话并不是严格意义上的学术语言，而是一种观物取象、立象见意的类比，正是这种“不经意间”的神来之笔把中国社会结构问题的枢纽给点透了。由此以来，“差序格局”概念也就成了中国社会学家研究社会问题的必备钥匙，而“江湖”作为一种社会互动空间，则与这一传统的社会结构有着内在关联。

以“差”与“序”为基本格局的中国传统社会，主要由两个部分构成：以村落为基本单位的“乡土社会”，和以“庙堂”为主轴所形成的皇权官僚场域。乡土社会本质上是熟人社会，它是一种透明的、清晰的、恒定的人际互动空间。在这一空间里，人与人之间没有什么秘密可言，一个人从小到大都生活在长辈的眼皮底下，他们之间都知根知底：村西的一个毛头小子绝不会叫错村东一个老者的称呼，不管是他“二大爷”，还是“三叔叔”；同辈中人即便不是一起长大，也只不过是隔了几条巷子的远邻而已，总要低头不见抬头见；一个家庭发生点事情全村的人都会知晓，因为村子里的“墙是透风的”。

家庭、家族是传统乡土社会的基本单位，父子、夫妻、

---

① 费孝通：《乡土中国 生育制度》，北京大学出版社1998年版，第25、26页。

兄弟、亲戚朋友之间的互动交往规则是基于血缘、尊卑、亲疏远近而形成的，它不但清晰可依，而且每一个人也因此而相互连带。这些规则几经流传与演化，就成了乡土社会的恒常经验。经验的有效性在于它能够被重复使用，能被重复又是因为生活的条件和样态没变。与市民社会相比，乡土社会自身带有封闭、静止的特点，居于里边的人代际差异并不明显，一个人的今日与昨天并无不同，未来和现在也没什么两样，日出而作日落而息，天天如此。一个人能在这一空间立足，就必须熟悉那些清楚可见的规则，在这经验的世界里生儿育女然后老去，再把它传下去，世代相沿惠及子孙。人与人之间的连带关系也带来了规则的互用。父辈的恩怨情仇对后辈也有约束力，前人没能报答的恩义后人有责任代偿，父亲的冤仇也自然遗留给儿子，替父报仇天经地义。这些都是乡土社会特有的经验或规则。

乡土社会的有些经验或规则在今天还活着，仍是中国普通百姓处理日常生活的依凭，并与正式的国家性法律形成对照。一个朋友讲了他经历的这样一件事：他有个姑姑嫁到了外姓人家，后来因为纠纷两家闹得非常不和，到了拔刀相见的地步，作为知识分子的他提出上法庭通过法律程序解决问题的建议，而最后还是他爷爷出面，摆了一桌酒席，把两家人请到一起，结果事情就这样摆平了，跟啥事都没发生过似的。这是一个祖传的智慧照样有效的故事，而类似的故事在中国的土地上还时常发生。

当然，上述经验与规则并不是乡土社会的交往行为规范的全部。事实上，除了“波纹”式的连带关系之外，类似于商品交易的行为在乡里空间也始终存在。乡民们虽然生活过得清苦，但仍要把一些剩余的东西拿出去，换回自己生活的必需品。

在传统社会，像盐之类的产品是由国家专卖，乡民们得把自己的交换所得，换成日常三餐必需的食盐，所以“市场”自然就形成了。而市场的远近各个村落之间并不相同。在有的地方，作为市场的“集市”就设在自己村内，“同村交易”也不算例外。这样的交换市场的缺陷是明显的：一个村子的熟人聚拢在一起，平日里的尊卑、亲疏远近关系，遇到了买卖中不得不拉下脸面的讨价还价，很难避免两者的冲突。

一方面，因为熟人身份的不同（如长辈与晚辈）使得双方无法进行像陌生人那样锱铢必较的买卖，太过计较都会觉得是件难为情的事；另一方面，买卖必然涉及讨价还价的计较，这又会损害熟人间业已建立起来的人情关系。因此，为了防止上述情形的出现，许多地方适用的是“同村不交易”的原则，市场也就远离了自己的村子，以达到在陌生人之间进行交易的目的。

到了传统社会末期，随着城市商品经济的发展、农村过剩人口的增多以及天灾人祸频仍，农村中脱离土地向城市迁移谋生的人也就多了起来。这些从乡土社会分离出来的人，在乡村与城市之间便形成了一个边缘性的群体，他们远离自己的父母、兄弟、亲戚朋友，为了生存就得重新抱团，这便兴起了我们上面所说的带有江湖性的各类帮会。

正如上引费孝通先生所言，这类组织与西方意义上的团体有着性质上的差异。团体里的个人是一个个“原子”意义上的独立个体，成员之间无论身份还是人格都是平等的。他们加入团体不是放弃自己独立自主的地位，而是因为团体本身的吸引力：共同的利益、价值、信念使他们聚合在一起。团体除了遵守国家性的法律之外，每个成员也要共同信守团体的章程，

“章程”是其主要规则。团体里既没有身份的尊卑之别，也没有人格的高下之分，其领导大都是由每个成员选举产生，除了章程上规定的权利义务之外，并不享有额外的特权。

帮会则不同，其成员虽然从土地上分离出来，然而在没有形成新的生产方式、生产关系的“新大陆”上，他们仍是旧我，而不是新人，因而其组织也就产生不出像西方那种团体性的规则体系。在这种情形下，那些从“旧世界”来的异乡人，只能从旧有的经验中吸取养分来开始他们的新生活。经验本身具有“遗传性”，一只猫即便从小脱离了猫群由人喂养，它也会用爪子刨土掩埋它的排泄物，而离家的异乡人也都具有其父辈处理问题的遗传基因。

这些在异域的陌生人为了生存，彼此首先得把对方变成“熟人”。于是，先前那些因血缘、尊卑、亲疏远近而产生的经验或规则，就成了他们可以复制的母本。虽不是父子，但年龄的差异可以被拟制为尊卑关系，年长者因其经验、能力的出众就变为类似于父亲身份的“大哥”，与之相反的则是“（小）兄弟”。亲戚关系也可以用来自一个村落的同乡关系加以取代，“老乡”是最容易形成“熟人圈子”的身份。

与此类似的还有师生、同学等关系。朋友关系是逐渐建立起来的，它既可能与同乡、同学、师生等身份重合，也可能并不一致。在后一种情形下，“朋友”又可以把血缘上的同胞关系，通过义结金兰、歃血为盟等方式，拟制为情感意义上的“兄弟”。这样一来，不同于团体意义上的“圈子”就形成了，而调适彼此关系的经验、规则也被拟制出来。这些经验、规则与传统的乡土社会既相同又有所区别，它更强调“义”的重要性（下面详谈）。

以皇权为中心所建立起来的官僚体制，在正式的制度层面，也有一套明确的规则。皇帝本人权力无论多大，也大都有个范围和边界，皇帝不能包办一切；各级官员同样有自己的权限，必须照章办事。然而，在非正式制度层面，日常的官场仍有许多彼此心照不宣的“规矩”，它们多少都带有江湖性质。

传统的中国从未出现类似于西方意义的国家概念（state）。中国的国家属于“家国同构”类型，“家”与“国”具有同心圆性质。“国”像是放大了的“家”，“家”的规则照样适用于“国”。皇帝本人在“国”的层面是“君”，在“家”的层面则是“父”，有关“父”的伦理规则也是为“君”的行为依托，两者是重合的。对于各级官僚而言，在“家”为人之子，就得行“孝”，在“国”为人之臣又须“尽忠”，“孝子出忠臣”，忠孝被看作是具有相同性质的伦理。

然而，这种差序格局的“家国一体”的体制，很难做到“家”与“国”事实上的一致。家国体制首先遇到的是皇帝与官僚的身份差异。皇帝不是通过考试考出来的，它有两个来源：一是武力夺取，二是继受。在理论上，皇帝人人都可以做，只要有能力“砍”到龙椅上去；皇帝老了要死的时候，不会把位子留给别人，一般都是传给自己的儿子。虽然中国儒家倡导“天下为公”，而事实上，皇帝只有自家的利益，国家并不具有公共性。当然，如果朝廷能适当地照顾百姓的利益，那对自己也是有益的。皇权之下的各级官僚在性质上都是皇帝的雇佣者，他们是通过各级科举考试出仕的。这些“会考试的人”是因为通过了“考试”被皇帝雇佣的，所以，无论他才智如何出众，都无法与皇帝的高贵血统相比，他所拥有的只是来自于民间的平民身份。正因为如此，在“家”的层面因为血缘关系产生的“孝”，也就无法直接转化为官场上对皇帝的

“忠”。对多数官僚而言，其结果往往是“谋职于国，谋利于家”。一个人做官，其家族（家庭）、亲戚朋友都能得益。“忠孝不能两全”便是这一困境的写照。

无论儒家喊得多响，“忠”的宣扬与教化多是在意识形态层面。皇帝和朝廷没这么傻，会认为他手下的臣子都会像对待亲爹那样对待他。皇帝得通过其他途径增加与他的雇佣者之间的亲密关系，最常用的手段就是“升官”和“发财”，而官僚们为达到这一目的，也尽力地巴结皇帝和他们的上司，“忠”需转化为利益上的联结才是有效的。

依靠考试上来的官员，其自身除了一张出色的试卷以外，并没有任何其他资源。他要在官场上立住脚跟，除了自己的考试本领之外，还需要能够赏识他才能的人，也需要能够履职的人际网络，而“江湖”则是这种重构人际关系的最主要资源。士子们虽然“出门”在外，但还是要回归“在家”的经验：在传统的官场里，从一个考场出来的人会成为“同学”，而与监考他们的官员之间就自然形成师生关系；同一个省份的人在朝里为官便是“同乡”；曾经在一段较长的时间内是上下级关系的官员就容易成为“自己人”；如果没有这些关系又气味相投，那还可以通过义结金兰的方式成为兄弟。这样一来，官场里便通过这种人际关系建立起各个“圈子”，一个圈子里的人彼此提携、照应，官场生涯也就多了一份顺风顺水的可能；相反，假若不是一个圈子的人，哪怕是同僚、同事，也会因为圈子的隶属不同而互相掐捏，使绊子、拆台也就不足为怪。

皇帝或朝廷为了能使官员们履行他们的职责，对官场上的这种人际网络也是睁一只眼闭一只眼，除非它严重地危及皇权本身，这种情形通常被说成是“结党营私”。皇帝本人为了能控制住那些官员，也必须熟悉官场里的人情关系，并利用关系网络使他们之间互相掣肘。宫中的太监不只是个伺候皇帝的奴才，同时也是皇帝的耳目。那些得到皇帝宠信的太监手里握有更大权力，扮演的往往是监控朝中文武官员的狠角色。当然，如果弄得不好，那也会出现宦官专权。“官场即江湖”说的就是上述情形。

在文化层面上，江湖是一种弥散性的交互空间。无论是庙堂还是乡土都无法将它们与江湖完全隔离开来，虽然它们各自都有自给自足的边界。在江湖的各种规则中，其核心概念是传统的“义”字。义文化是中国传统文化的重要部分，它几经流变和演化，成了中国人日常生活里最为重要的伦理规范。

“义（義）”者，从羊，从我，有“己之威仪”之意，“义之本训谓礼容各得其宜”。（段玉裁：《说文解字注》）“义”与“宜”“谊”相通，意指“适宜、合理的事物”；“义”还具有公正、善、道理等意涵，是个含义广、道德性强的伦理概念，“义谓天下合宜之理，道谓天下通行之路”。

在中国古代，不同学派之间，对“义”的理解和运用有很大不同。在儒家那里，“义”是一种高级伦理规范。孟子曰：“大人者，言不必信，行不必果，惟义所在。”（《孟子·离娄下》）“君子喻于义，小人喻于利”更为人所熟知，好像“君子”都不食人间烟火似的。儒家把“义”与“仁”“礼”“智”“信”合在一起，称为“五常”，“仁义”是其核心。孔子曰：“君子之于天下也，无适也，无莫也，义之与比。”（《论语·里仁》）

与之相比，墨家的“义”则是一种以“交相利”“兼相爱”为基础的客观互利性准则。它与后世的江湖性的侠义文化有着密切关系。

“侠”的称谓，最早出现在《韩非子·五蠹》篇中：“儒以文乱法，侠以武犯禁”“其带剑者，聚徒属，立节操，以显其名，而犯五官之禁”。司马迁在《史记》中为游侠作传为其正名，但并未提及“江湖”一词，到了唐代才把“江湖”作为侠客活动的世界。

关于“侠”的起源、构成有不同的观点和看法，但“行侠仗义”却是各类“侠”的共同特质，“侠”是外在行为，“义”是内在观念。以“必务求兴天下之利，除天下之害”为己任的墨家，主张人与人之间互助互爱的“兼相爱”，在行动上提出以暴止暴的“非攻”作为这一理想实现的基本手段，以“天志”“明鬼”作为信仰层面上对于这一理想的维持。这已形成了后世侠义原则的基本内容。虽说“侠”不同于“墨”，但墨家的——

> 见义勇为和武力助人的行为，又与路见不平的侠义相仿佛。尽管墨家在汉代便已一蹶不振甚至趋于消亡，墨者之义却以侠义的形式传了下来，同时又影响和规范了先秦时代那些庞杂的、不与侠义道德相符合的众多游侠形式，使侠义原则在汉代经由司马迁的提倡而稳稳占据江湖社会伦理道德的主导地位，一直延续下来。①

事实上，墨家那种几近于小生产者的“乌托邦”理想，不可能在现实中安顿和实现。基于互助互爱的“兼爱”也不可能普施予每一个人，“除恶务尽”在现实世界是除不尽的意思。侠客们固然能够“舍身急人，走死不顾”，但他们不可能凭借

① 韩云波：《义的演变与侠义文化走向江湖文化的堕落》，《川东学刊》1997年第1期。

自己的那份侠肝义胆打出一个“兼爱”的新世界。他们能够扶弱救困，但仅凭一己也无法改变贫富不均、恃强凌弱的人间世道。由侠客们组成的世界本身就是个江湖，其自身也有恩怨情仇、关系的亲疏远近，有时候在自己内部都难做到真正的“侠义”，更不用说与自己没有多少关系的芸芸众生了。

这意味着，由“侠义”之“义”向多元之“义”转变也是自然的了。在《三国演义》中，已不见了墨家意义上的“侠义”，取而代之的是刘、关、张的桃园三结义，即“不求同年同月生，只求同年同月死”的“兄弟情义”，或“义气”。这种“义”渐渐远离了它的正义性因素而更强调“你如何待我，我便如何待你”的“同等对待”之“义”。《三国演义》中的关羽虽然武功并非第一，然因有降汉不降曹、千里走单骑、华容道上义释曹操等行为，以至于后来成为江湖世界尊奉的“义神”。同样，在《水浒传》中，虽然一百单八将原则上是按照武力值的高低排定座次的，然而例外的是宋江。他武功平平，能够排在座次的第一位，只因为江湖上传颂他“仗义疏财”。

在现实世界里，一个人要实现费孝通意义上的“自我主义”，或把自我利益最大化，他就需要“山头”“宗派”“帮派”等形式的“结伙”，“抱团”是人的社会群居性的表现形式之一。“义”规则的效力主要在两个层面：第一，它是区分“内外”的有效规范；第二，它是调整“内部”关系的主要的意识形态。

江湖是一种毗邻关系的空间，“自己人”永远与“外人”相对邻，“江湖”之“义”便是界定两者关系的规则，它通过把自己内部关系普遍升格为“兄弟情义”而与“外人”区别开来，“义”就是“自己人”之间的规范，“外人”则在“义”之外；普遍的兄弟情义在内部“自己人”之间的具体运用，还根据每个人的身份差异而产生不同“义”的规则类型。“圈子”是带有等级性的群体，圈子越强调普遍的兄弟情义，这种等级性就越明显。“普遍”不等于“平等”；刘、关、张既是“兄弟”，也是“大哥”“二哥”“三弟”身份之间的分野。任何一个圈子都由“大哥”“二哥”“三哥”以及众兄弟组成。一个圈子要稳固首先要有秩序，而规则是形成秩序的关键。对“大哥”而言，众兄弟要“忠”，“背叛”不仅是个人的悖德，而且首先会搞乱秩序；对众兄弟而言，“大哥”要“仁”，尽量地把自己的关怀和帮助普施予圈子里的每一个弟兄；众兄弟之间，则要“信”，相互信任、信守诺言。因而，圈子里的这种普遍的兄弟情义，就派生出了“忠义”“仁义”“信义”等“义”的规则类型。

为了清晰地区别“自己人”与“外人”，圈子通常都有自己特定的仪式和要求。像“天地会”这样的组织尤为典型，如它的“会簿”中就详细记载了“路上盘问”、“盘问包袱的回答”、手势、暗号，以及后来发展出的一套江湖隐语、切口、行话等。而在相对松散的、隐形的圈子中，虽然没有这样正式和具体，但它仍存有自己特定的仪式甚至隐语，如定期或不定期的聚会、平时的联络及联络方式、每个人的称呼等等。这都是为了营造内外有别氛围的一种基本套路，同时也强调了“外人”世界的非义性。

“义”存在于圈子中，还与“人情”相连，表现为一种“施与”与“回报”的关系。“义”既是基于内心崇高的道德感而生发的一种伦理，同时也是一种外在的互利互惠的规则，后一种更符合中国人的日常，同时也是墨家的精神，而精神的实际影响，不能单纯从长出精神的肉体是活着还是死了来计算。

不能否认，“人情”是人的内在性的一部分，它是在与社会关系的互动中被激发出来的。人对其他的人（类）的感情，既是伦理的，也是感情的。这是人与动物的区别之一。“指责一些人没有人情，等于说他没表露出自然的感情、依恋的感情和其他人的责任。”当我们把一个按照人情行事的人说成“会做人”的时候，这未必都是贬义；“人情也是在社会关系里行事为人的适当方式，每个人都按照别人的由其社会地位和与自己的关系所决定的行为来对待别人。”这属于“适当行为”，而不是“自然天性”；“人情还涉及两个人的互惠互助，它建立在情感联系或者义务和感激概念的基础上。‘欠人情债’这句话表达了互惠的伦理要求如何支配着社会关系。”[①]

“人情”与“关系”并非一回事：前者更注重感情的一面，后者客观的利害成分则会多些。两者之间又不能截然分开，人情的多寡与关系的亲疏、远近有着密切关联。在同一个圈子里，由血缘、亲戚、朋友产生的人情，与因利害关系形成的“关系”往往是重合的。人情是关系的纽带，但仅凭人情又很难维持关系，这里存在着复杂的“关系机制”。如，要回答为什么同一个人会与他的“二姨”的关系近，而与“三姨”关系远，这会涉及许多因素，但客观上的“同等对待”是其重要因素之一。它不一定必然增强“关系”的亲密，但“非同等对待”则会疏远关系，这是“义”规则所要求的“施与”与“回报”机制在起作用。譬如，二姨经常施与外甥“好处”，好处既可能是金钱上的，也可能是通过自己的“关系”“帮了个忙”而已。如果外甥对此长期不做出相应的回报，这种因亲戚关系形成的“人情”不会增多，只会减少。人情虽淡，但因

---

① [美]杨美惠：《礼物、关系学与国家》，赵旭东、孙珉译，江苏人民出版社2009年版，第64页

为“关系”上的“同等对待”增多，其关系的紧密程度也会增强。

通常，在一个“大圈子”之内可能还存在一个或几个“小圈子”，“圈子套圈子”是江湖的常态。圈子越大，处于核心地位的人与相对比较边缘的人之间的关系就越松散，圈子越小关系就越紧密。对于圈子来讲，最重要的是，每一个人都要明白自己处的位置，对于要求“施与”什么、应得到何种“回报”，每个人都要心中有底，并形成默契，施与越多，回报就得越大。“只是帮忙，不求回报”这可能是施与者的真心话，而被施与者若把它当成真话，那“真话”就会失效，“施与”也会随时撤销。“义”就是施与与回报的适宜性。适宜性又是忠义、仁义、信义在圈子中得以运行的前提。适宜性的“义”若被打破，圈子就会发生波动：一些人可能从“小圈子”被降格到“大圈子”里去，另一些人则升格为小圈子里的人，有的可能被踢出圈子。随着波动，有些“新人”进入圈子，而被踢出去的人也可能重组圈子，并与原来的圈子形成对峙。

圈子的本质是江湖。每一个进入圈子的人，都具有“差序格局”意义的连带关系。一个人无论居于圈子的何种位置，他都是以“自我主义”为轴心而相互联结的。从“自我主义”出发，他便可以测出与每个人的距离。他清楚自己对其他人能够“施与”什么，也明白从其他人那里可获得何种“回报”。“义”是圈子信奉的崇高伦理，然而，“义”的崇高与“自我主义”的“利害”之欲求又经常发生冲突。圈子受“义”的规范却不是为“公义”而存在，它本质上是一种以“自我主义”为轴心而形成的“利益的集聚”。“天下熙熙，皆为利来。天下攘攘，皆为利往。”（司马迁：《史记》）没有利害关系，圈子就散掉了，江湖也就没了恩怨情仇。在圈子的水面上，

“义”常常是“利”的倒影。“江湖险恶”“江湖的水很深”说的就是这种情形。

具体说来，居于圈子中心的人与边缘位置的人，因其身份不同，利益也就有了分别。作为圈子的中心人物而言，他要维护手下“兄弟”的忠义，就要具有不断的施与能力，一次性的“施与”不可能成为中心。中心人物的施与能力越强，被施与人的忠义也就越牢固。反之，他的施与能力不断下降，忠义就会减弱，甚至会出现被施与者的背叛。事实上，中心人物也不可能真正做到能把自己的恩惠平等地施与每一个人，利益的差异会导致他与众人间实际上存在关系上的不同距离。接受施与多的人自然与中心的关系就越近，反之则越远。这种恩惠施与的差异，使圈子表面上一团和气，而实际上则是一道隐形的裂缝。在“义”的规则之下大家都是“自己人”，每个人既要相互信任维持基本“信义”，同时又互相提防，以便自己从中获取更大的利益。当“利益最大化”成为目标的时候，为了争夺利益，相互间出现使绊子、告密、背叛、出卖等现象，也就不足为怪。

圈子都是复数形式。一个圈子的存在必然有另一个圈子与之相对峙。所谓“外人”通常指两种人：一种是与自己无关的陌生人，一种是指另一个圈子的人；后一种更重要。在两个相互对峙的圈子之间，各自对自己内部强调“义”的规则，既是为了维护自身的团结，又是为了与对方的争夺，因而对对方的“不义”不但被默许，而且实际上也是被鼓励的。这样说不过分：对自己的“义”是建立在对对方的“不义”的基础上，因为天下若彼此都讲同一个“义”字，那就不会有圈子和江湖。相反，各自为了自己的利益，彼此之间互挖墙脚、收买、叛变等情形也就司空见惯，圈子的分裂和重组也在所难免。

正因为如此，“道义”和“规矩”的信守就成了各自的头等大事。“道义”是“义”规则类型的总体概括；“规矩”是“道义”的具体细则，它不是写在纸上，而是揣在每个人的心中，是一种实践的经验。这些经验会告知哪些该做、哪些不该做，以及做了不该做的事情当付出的代价。懂规矩、讲规矩就是江湖行走必须随身携带的使用手册。

问题是，差序格局之下的这样一种文化是中国独有，还是一种普遍现象？这属于另外一个话题和知识系统，考虑论及问题的主旨以及文本空间的限制，对此就不再展开。事实上，自费孝通提出“差序格局”这一概念起，异议之声就不绝于耳。美国人类学家雪莉·艾林顿（Shelly Errington）甚至在与费孝通互不知情的背景下，用近乎相同的词汇、修辞方式，以证明像印度尼西亚这样的早期社会也存在着“差序格局”，这着实令人吃惊。[①]国内学者有关这方面讨论的文字也不在少数。这里，仅引费孝通先生有点像是对此答疑的一段话作为结束吧：

> 譬如有一位朋友看过我那一章的分析之后，曾摇头说，他不能同意我说中国乡土社会里没有团体。他举出了家庭、氏族、邻里、街坊、村落，这些不是团体是什么？

① “在他们的社会中，兄弟姐妹之间的关系是按远近分等级的……这些在同一个层中的兄弟姐妹的关系就形成了一个同心圆（以‘自我’为中心），最靠近的一圈由亲兄弟姐妹和第一级的兄弟姐妹构成，他们是‘自我’的最亲近的亲人和朋友；其外面就是第三级和第四级的兄弟姐妹，他们都是生活在离‘自我’比较远的家屋中；再外面就是一群称之为朋友的人，他们与己身的关系很远算不上亲人朋友但是又不属于他群的范围，与己身所处的群体是相互尊重的；在这个圈之外的就是其他人或者陌生人。他们的关系从中心向外辐射就像一个石头扔进水潭而产生的波纹。”转引自张江华《卡里斯玛、公共性与中国社会——有关“差序格局”的再思考》，《社会》2010年第5期。

显然我们用同一名词指着不同的实体。我为了要把结构不同的两类“社群”分别出来，所以把团体一词加以较狭的意义，只指由团体格局中所形成的社群，用以和差序格局中所形成的社群相区别；后者称之作“社会圈子”，把社群来代替普通所谓团体。社群是一切有组织的人群。在那位朋友所列举的各种社群中，大体上都属于我所谓社会圈子的性质。在这里我可以附带说明，我并不是说中国乡土社会中没有“团体”，一切社群都属于社会圈子性质，譬如钱会，即赊[①]，显然是属团体格局的；我在这个分析中只想从主要的格局说，在中国乡土社会中，差序格局和社会圈子的组织是比较的重要。同样的，在西洋现代社会中差序格局同样存在的，但比较上不重要罢了。这两种格局本是社会结构的基本形式，在概念上可以分得清，在事实上常常可以并存的，可以看得到的不过各有偏胜罢了。[②]

“中国”是一个多面的、复杂的事物。观察中国可能存在着多个维度，但问题在于，我们应当努力去寻找一种最能切中中国实质的观察视角。如果说“江湖”也能成为我们思考中国的方法，那它具有哪些特点和优势呢？

我们都是学法学的，学的时间越长越容易形成依赖。法学

① 云南地区的一种民间金融互助方式，多在收入不高、互相了解并且讲信用的亲友、同事和熟人中展开。

② 费孝通：《乡土中国 生育制度》，北京大学出版社1998年版，第39页。

从根本上讲是规范之学，法学者也就习惯从规范思维上思考问题。而有一种现象却始终存在：法律规范的制定与运用并不一致。制定者无法穷尽社会所有的可能性，运用者也无法做到把一条规范与使用这一规范的案件无缝对接。规范不等同于社会生活的现实法则，同样，法学研究也不只是对立法、司法的规范分析一条路。

就现实而言，中国法学者还得面对一个社会性难题：中国自古以来并无法学，法学是近代之后形成的，源于西学。所以，法学本质上不是一门中国学问，其概念、术语、体系皆是对西学的模仿与挪用；与此相联系的中国法律，其规范原理、规则技术也是在移植西方的基础上形成的。

问题在于，西方的法学以及与此相关的法律体系是植根于西方社会，规范与社会是粘连在一起的。而我们在模仿或挪用西方法律原理时，则存有一个假定性的前提：中国与西方处在同一个时间轴上，都是从自己的过去直接跃入“1840年”以后。

另一方面，中国与西方又是两个完全不同的地理空间，空间的巨大差异让人不能不重新思考时间。时间之于人类并不是自在自为的存在，它由人类意志介入，并由理性做出判断。这便有了“自然时间”与“现代时间”的划分。

这一区别说明一个显白的事实：中国与西方只是共享同一个自然时间[①]，而不是现代时间。中国要跃身于现代性，就必须接受“现代时间”标准，并依此判断自己的现代资格。根

---

a　“自然时间”本身是存在的，但如何计算和划分则是由现代时间决定的。为什么今年是2015年？这个自然时间的计量标准是西方供给的，所以被称作“公历”。而中国的自然时间的划分方法也就退却到“农历”的地位。

植于西方的法学-法律原理之于中国，既是跃入现代时间的力量，又是现代时间自身。作为力量，它改变了中国什么、摧毁了什么，这应是中国法学家的问题；作为现代时间，它与中国的自然时间相遇，既没有替代也没能摧毁，而是出现了两种时间同时并置的现象：法学-法律的现代时间性越强，中国社会结构的“自然时间”性就越凸显。

对此，我不是很清楚，到底是用法律的现代时间去摧毁自然时间，还是现代时间必须进入中国的自然时间，成为其中的一部分？中国的法学者对中国社会结构的自然时间性必须过问，而“江湖”问题的讨论可能恰恰是过问的一种方式。

我并不确知这个视角在法学研究中有多少优越性可言，但有一点需加注意：作为“后发现代性”的国家，中国为了挤进现代时间就必须把现代性法律运用到社会。这无疑是个复杂的技术活：如果法律的现代程度太高，那它就会像一层油浮在社会水面，既沉不下去也起不到作用；法律若一味地屈就于自然时间，社会就很难取得进步。现代性进程中的国家是个难以演好的角色。如果中国法学能自觉地沉到社会里面去观察社会齿轮咬合的润剂，那便是一件类似于潜水员的工作。

在规范层面，这还涉及与现代性国家法相对应的另一个概念——“习惯法”。习惯法并不是与我们这里谈论的“江湖”属于一个范畴的概念。说到底，习惯法是“法”的一种，它不反映在国家的官方文本中，而是存在于民风民俗、起到规范作用的规则或制度，在中国的少数民族中最为常见。

在文化意义上，“江湖”也有自己不成文的“习惯”或“习惯法”，如“无义不兄弟”。无情无义之人会受到众人排斥，很难在社会立脚，这应当是“江湖中国”的“老规矩”。当然，“不守规矩”也是江湖的另一面，腥风血雨也是它的气象。江湖也会借用“习惯法”，但习惯法未必都能成为江湖规矩。习惯法的研究是属于“规范”作业范畴，而江湖的讨论则是“跨行”的实践，既涉及文学、电影，也牵扯历史与文化。

在上世纪80年代和90年代，有法学者专门区分了法律的“大传统”和“小传统”，把“小传统”界定为一种生自民间、出于习惯、自生自发的习惯法，并从“小传统”的立场来研究中国的法律问题。“小传统”的方法立场和“江湖”的方法立场，是否具有某种可比性？

我理解的“大传统”，更多指的是在“道统”与“政制”方面的“书面文化”，它主要存在于“典籍”之中，其中的名言、名句仍为今天的中国人所熟悉，比如儒家。“大传统”是中国制度现代性中常被提及的“大餐”“正餐”；所谓“小传统”正好与之相对，指的是上不了“正式宴席”的“小菜”，它不存在于“书”里，而是“活”在现实生活的“犄角旮旯”里。

中国法学家们的“领地”，多是集中在“大传统”意义上的国家正式制度层面，包括体制、规则等，这是易于理解的。一个国家的“制度现代性”都在显眼处，这也是法学在中国会成为显学的原因。然而，有一种情形也不能被忽略：法学家越是在这方面做出努力，而现实似乎越是不领情。这也使得一些法学家主动地去开辟新领地。这块“新领地”主要集中于“小传统”意义上的习惯法。

当然，不能说，研习中国习惯法的学者都是从“大传统”

撤下来的人，他们当中有些本身就是以此为业的，国内外都如是。譬如，日本的滋贺秀三（1921—2008）就是中国习惯法的杰出研究者，他的名著《中国家族法原理》当是中国习惯法研究的教科书式的经典；其高足寺田浩明（1953— ）也是这方面的高手。国内学者如梁治平，他先前的研究领域是外国法史，后来转向中国习惯法，其代表作是《清代习惯法》。

这里，仅以寺田浩明为例，简单讲讲两者的关系。寺田浩明的研究发现，在中国的乡土社会秩序中存在着一种他命名为“首唱和唱和”的模式。他解释说：

> 乡村层次上的约就是在“首唱”某一命题的主体下、对该主题进行“唱和”的人们的集结中形成的。在这个意义上讲它就是共有规范，同时也是遵行该规范的集团的名称。而这一共同行为规范，与其说是有权势者将事先制定的规范向人们宣布并强制遵守，倒不如理解为人们心中既存的某种观念被首唱者引发出来，在这些成员内心的一致即“齐心”中，同时达成了命题的集团规范化及遵守该项规范的集团的成立。①

即是说，中国乡土社会即便存在带有“契约”性质的“约”，也不是西方意义上的“缔约人之间平等的合意”这一理念和思想，而是以“中心人物”的“首唱”、其他成员的附和构成的。这与我们上面分析的圈子机制具有类似性。这说明，习惯法的研究与我们讨论的话题在某些方面是重叠的。两

① [日] 寺田浩明：《合意与齐心之间》，见[日]森正夫等编《明清时代史的基本问题》，周绍泉、栾成显译，商务印书馆2013年版，第387页

者的分野上面已经说了：习惯法研究可以把“规矩”作为习惯法，而习惯法里的许多东西并不具有江湖性。

“中国性”是您在思考中国法律和政治问题时使用的一个概念。它和我们这里讨论的作为思想方法的“江湖”立场，是否存在着某种关联？

在不同场合我都谈及过“中国性”这个概念。“中国”是我们生长、生活的地方，但如何认知我们这个国度的确是个问题。中国不只是个地域空间，它有着自己的文化符码，有着自己的思维方式和审美特征。即便吃肉，我们也习惯使用筷子；一杯清茶喝出的是一种别样的人生。这都是“中国”。

就“中国性”这个概念而言，它主要有几层意思：一种不同于西方的文化传统，一种属于自己的“近代历史”，一种因文化、习性所培育起来的“国性”，一种特定的国家性格。这个概念的形成来自于这样一种阅读和思考：无论何种事物只要到了中国，它一定会变成我们自己的东西。这并不包含价值上的评断。我不同意中国是个“大染缸”（柏杨）的说法，这太负面。我也不习惯从正面加以判断，因为无论好坏，它都存在那里。将它作为一种价值中立性的描述和阐释可能会更好。譬如印度的佛教，到了中国就变成了我们自己的禅宗；麦当劳、肯德基都是西方的快餐，而来到中国之后便成了儿童生日聚餐的场所，而且兼卖油条和豆浆；来自于法国优雅的红葡萄酒，我们可以兑着雪碧喝。

“中国性”不同于“本土资源”，后者暗示了这样一种存在：域外的事物来到中国要落地生根，必须考虑“中国土壤”，所谓的“资源”肯定首先指的是类似于“土地”这种“不动产”。即是说，“本土资源”与“中国性”两个概念，无论语义还是方法论上都有明显的区别：“本土资源”意指的是中国既存的一种东西，探求这种东西是研究中国问题的前提和基础；而“中国性”这个概念侧重的是“外来之物”经过中国的“化合”之后所形成的一种既定状态。譬如“中国的麦当劳”就带有中国性，虽然它来自于美国，而且在食材上也大同小异，但其经营的方式和范围却已发生改变。

“江湖”与“本土资源”类似，或者说它是本土资源的一种，习惯法也是。这里之所以特别强调前者，是为了引起法学者的注意：习惯法固然不能被冷落，但我们更不能人在“江湖”不识江湖，否则真会“身不由己”的。

接下来的问题和您自己的学术生涯密切相关了。我感到很多法学者在进行法学研究时，走的是法条主义、规范主义的路子，而您的研究，则进到一种文化分析的层面了。在您的学术思考过程中，我们上边讨论的那种作为方法的“江湖情怀”或“江湖立场”，是否在其中发挥着作用？如果是的话，它发挥着怎样的作用呢？

我不反对法学家从规范主义、法条主义的层面上研究问题，那毕竟是一条路子。既然这条道上许多人都在走，那我便可以从这行进的人群中悄然出列，向其他方向试试。“江湖”对中国人而言，不能说是个好东西，也不能说是个坏东西。它的存在既可能是因为中国人的习性，也可能呈现的是中国一种“自然时间”里的早期社会形态。无论怎样，我们都得面对它。正如对“江湖”这个概念的使用，我对此既不抱有好感，也不存恶感。在短期内，它不会因为我们的好恶存在或消失。正视它，我认为是一种恰当的选择。

这意味着，当从规范主义或法条主义的立场发现正式制度运行有许多不如人意的时候，与其抱怨、牢骚、调侃，还不如先看看周围我们所处的人际关系，再想想处在类似的人际关系中的“法律共同体”的人们。他们与我们一样，在其履职过程中也会碰到“人情”和“关系”。如何处理软性的“江湖规矩”与硬性的“法律（制度）规则”之间的冲突，仍是中国人的一项既检验心智，又考验职业伦理的艰巨事业。

在查阅关于“江湖”这个概念的社科文献时，我发现一些学者直接提出“江湖中国”的说法。这个说法，或许实证地揭示了“中国江湖化”这么一个事实。我不知道这种说法是否合理？如果合理的话，“中国江湖化”的事实和“中国法治化”的目标之间是怎样的一种关系？

我注意到了学界有关“江湖中国”这个提法。问题的讨论存在于语境中，概念也是。这个用语如果是用以讨论中国问题的某个侧面，也并无不妥；如果把它看作是一个界定中国的概念，那显然是不合适的。“中国”是个复合体，无论从哪个方面定义它，也只能触及它的某个侧面。“江湖中国”如此，“乡土中国”“伦理中国”的用语也如此。当“江湖中国”彰显的是中国的江湖一面时，它暗示了“非江湖”一面的存在，这一面可能就是“法治中国”的称谓。对于中国而言，“江湖中国”与“法治中国”之间肯定存在关联性。无论怎样定义“法治”，其规则及规则运用的明晰性、平等性、公正性、普遍适用性，以及为了这一目标需要排除“人情”和“关系”干预等，应是它的基本内容。从这个意义上讲，两者是冲突的，是一种相互消解的负面关系。“现代性法治”的建立在这里主要表现的是对“江湖”的解构，而“解构”又会遭遇“江湖”的抵抗而伤及自身。这算是目前中国法治的一种困境。

后记

上了年纪，仍改不了东瞧瞧西看看的毛病。早该做完的事情，一直延宕至今。能坚持写完，主要来自于一种声音的敦促。它时而温柔，能淡定心情；时而严厉，要求我抓紧去做。所以，我把本书的完稿看作是对这一内在心音的回声。

书中的提问主要来自于我的学生周睿志君，他把问题集中束成一捆，并加上标题，我基本上没动，保持原样，算是对他上课认真以及在意我的著述的一种感念吧。

王人博